UNA
VIDA AUDAZ

UNA
VIDA AUDAZ

JENTEZEN FRANKLIN

CASA
CREACIÓN

La mayoría de los productos de Casa Creación están disponibles a un precio con descuento en cantidades de mayoreo para promociones de ventas, ofertas especiales, levantar fondos y atender necesidades educativas. Para más información, escriba a Casa Creación, 600 Rinehart Road, Lake Mary, Florida, 32746; o llame al teléfono (407) 333-7117 en Estados Unidos.

Una vida audaz por Jentezen Franklin
Publicado por Casa Creación
Una compañía de Charisma Media
600 Rinehart Road
Lake Mary, Florida 32746
www.casacreacion.com

A menos que se exprese lo contrario, el texto bíblico ha sido tomado de la versión Reina-Valera © 1960 Sociedades Bíblicas en América Latina; © renovado 1988 Sociedades Bíblicas Unidas. Utilizado con permiso.

Traducido por: María Mercedes Pérez, María Bettina
López y María del C. Fabbri Rojas.
Coordinación, revisión de la traducción y edición:
María del C. Fabbri Rojas
Director de arte: Bill Johnson

Visite la página web del autor:
www.jentezenfranklin.org

Library of Congress Control Number: 2013949697
ISBN: 978-1-62136-471-9
E-book: 978-1-62136-477-1

Porciones de este libro han sido publicadas previamente
en *Los cazadores del miedo,*
ISBN: 978-1-59979-564-5, Casa Creación,
copyright © 2009 y *Crea que usted puede,*
ISBN: 978-1-59979-430-3, Casa Creación,
copyright © 2008.

Nota de la editorial: Aunque el autor hizo todo lo
posible por proveer teléfonos y páginas de internet
correctas al momento de la publicación de este libro, ni
la editorial ni el autor se responsabilizan por errores o
cambios que puedan surgir luego de haberse publicado.

Impreso en los Estados Unidos de América

14 15 16 17 18 * 5 4 3 2 1

En el amor no hay temor, sino que el perfecto amor echa fuera el temor.
—1 Juan 4:18

CONTENIDO

INTRODUCCIÓN

¿SE PREOCUPA USTED demasiado? El miedo se ha apoderado de los Estados Unidos. Lo vemos en la economía; en los desafíos de nuestro sistema de salud; en la política; en los crecientes niveles de desempleo, de enfermedades y de delitos; en el aumento de actos terroristas y en los conflictos en todo el mundo. Todos los días los medios de comunicación nos traen historias diseñadas para volvernos más miedosos. Vivimos en un mundo que parece volverse más aterrador cada día.

Para empeorar las cosas, la mayoría de nosotros agregamos a estas preocupaciones reales una detallada lista de inquietudes y temores personales sobre cosas que podrían (o no) ser razonables. ¿Cuánta energía y emociones ha desperdiciado temiendo cosas que jamás se hicieron realidad? ¡Algunas investigaciones sugieren que solo el 8 por ciento de todas las cosas por las que nos preocupamos tiene una posibilidad real de suceder![1]

Escribí este libro porque no es la voluntad de Dios que su vida esté gobernada por ningún tipo de temor. Usted fue creado para vivir una vida audaz. Por eso le estoy ofreciendo las herramientas necesarias para vencer los miedos más comunes que todos enfrentamos en uno u otro momento: el miedo al fracaso, el miedo al rechazo de otras personas; el miedo a no tener lo suficiente; el miedo a que sucedan cosas malas a su familia o a su salud, y el miedo a la muerte.

Vivir una vida audaz no significa que usted nunca vaya a sentir miedo, sino que puede enfrentarlo y vencerlo, asumiendo riesgos inspirados por Dios teniendo éxito. Usted puede sentirse seguro sabiendo que el Dios todopoderoso es su refugio. ¡Puede enfrentar con valor cada situación!

No se conforme con una vida gobernada por el miedo, una vida en la que el enemigo le robe el gozo, la paz y el futuro. Aquí tiene un divertido poemita que le dará un pantallazo de qué clase de vida quisiera que evite.

> Había una vez un hombre que era muy
> cauteloso
> Nunca reía ni jugaba;
> Jamás se arriesgaba, nunca lo intentaba,

Jamás cantaba ni oraba.
Y cuando un día murió
Rechazaron su seguro;
Porque como en realidad nunca había
      vivido,
¡Ellos afirmaron que nunca murió![2]

¡Qué inútil! No quiero llegar al final de mi vida y darme cuenta de que no la aproveché por miedo. Como usted ya ha tomado este libro, oro que sienta lo mismo.

Es imposible vivir sin sentir algún tipo de miedo, pero la clase de miedo que lo domina y le roba la vida no viene de Dios. La Biblia dice: "Porque no nos ha dado Dios espíritu de cobardía, sino de poder, de amor y de dominio propio" (2 Timoteo 1:7).

Dios le ha dado todo lo necesario para vencer sus miedos. Con su ayuda, usted podrá llegar a ser todo aquello para lo cual Él lo creó. Acompáñeme en esta travesía para descubrir todas las armas de su arsenal para derrotar sus miedos ¡y vivir una vida audaz!

1

VIVIR LA VIDA AUDAZ

URANTE MUCHOS AÑOS viajé como evangelista, predicaba un promedio de seis noches por semana en diferentes iglesias. Durante ese tiempo perfeccioné un repertorio básico de unos treinta sermones, que predicaba tan a menudo que si hubiera caído muerto en medio de alguno de ellos, mi esposa podría haberlos terminado por mí. Así que cuando se me pidió que fuera pastor de la iglesia Free Chapel, enfrenté el desafío de preparar tres sermones nuevos cada semana. Mi mayor temor era no poder hacerlo. ¿Tenía lo necesario para mantener la frescura, que mi congregación creciera y para edificar desde el púlpito un ministerio fuerte? En retrospectiva, veo obrar la sabiduría de Dios. Me colocó en una comunidad pequeña donde podía hacer el menor daño posible mientras seguía aprendiendo.

Cada fin de semana el desafío volvía. Hacia el martes la presión empezaba a acrecentarse, a medida que se acercaba el domingo. Estudiaba hasta las 2 o 3 de la madrugada del domingo y dejaba mi oficina sintiéndome agotado e inquieto, orando: "Señor, si no me ayudas esta semana, ¡estoy hundido!".

Pero aprendí a nadar. Me convertí en lector, descubrí grandes recursos, desarrollé disciplina y hábitos de estudio sólidos, y por encima de todo, aprendí a apoyarme en Dios como nunca lo había hecho antes. Esa lección de aprender a apoyarme en Dios es la manera en que superé uno de los mayores miedos de mi vida. Fue el primer paso para vivir el concepto del que hablo en este libro, "la vida audaz". Y es la clave para que usted enfrente cualquier situación en la que se encuentre ahora y que le haya hecho tomar este libro.

¿Sabe lo que dicen del miedo? MIEDO = evidencia falsa que parece real. El miedo tiene dos categorías básicas:

1. Miedo a no obtener lo que necesita.

2. Miedo a no ser capaz de conservar lo que tiene.

Todo el que haya superado los pronósticos o marcado una diferencia lo hizo a pesar de su miedo. Lo hizo porque estaba desesperado y sintió que no tenía otra opción. A veces estuvo inspirado por el ejemplo de algún otro. Dijo: "¿Si no lo hago yo, quién? ¿Si no es ahora, cuándo?". No lo pensó demasiado, o podría haber cambiado de parecer.

¿Qué está esperando usted? ¿Un sentimiento de audacia? ¡Olvídelo! Eso no existe. ¡Usted solo es audaz cuando hace lo correcto a pesar de sus miedos! Ese coraje frente a sus miedos es la manera en que defino la audacia. Usted seguirá percibiendo la incómoda situación en que se encuentra, pero también sentirá la libertad de saber que Dios se ocupará de ella, para que usted no deba temer nada. Esa es la vida audaz.

La Biblia es un libro de David y Goliat. Enseña que con Dios de su lado, usted es más grande que su problema, así que puede ser audaz. La pregunta es, ¿cree usted eso tanto como para salir y permitir que Dios lo use? Si usted está creyendo en Dios solo por cosas que puede hacer por sí mismo, lo está limitando. Es más, si piensa que Él nunca le pedirá que haga cosas que usted no puede hacer, ¡piénselo de nuevo! Jesús le dijo a un hombre que caminara sobre el agua y a otro que saliera de su tumba, ¡y lo hicieron!

En vez de concentrarse en lo que teme, reconozca que Dios lo ha llamado y lo ha equipado, acepte los dones que le ha dado, y comience a edificar sobre ellos.

Permita que Dios lo desafíe

Sea cual fuere la etapa en que se encuentra, Dios quiere que usted aprenda a decir: "No puedo hacer esto en mis propias fuerzas. Necesito apoyarme en Él". Usted nunca tendrá todas las respuestas, así que sería mejor que dejara su zona de comodidad, de "seguridad", en la que sabe cuál será el paso siguiente y donde puede manejar lo que se le presente, y escoja vivir en la zona de fe.

Vivir la vida audaz requiere vivir en la zona de fe. Significa alcanzar y aferrarse a nada y asirla hasta que se convierta en algo. Dios quiere que usted viva allí. De hecho, tanto quiere Él que usted viva allí que se lo exigirá vez tras vez. (Él le permitirá quedarse en su zona de confort por un tiempo si usted lo necesita, pero no quiere que se quede a vivir allí.)

Permita que Dios lo desafíe a salir a la nada. Aunque usted no esté particularmente desesperado en este momento, permítase llegar a ser alguien dispuesto a asumir el riesgo de la fe solo porque Él lo está llamando a hacerlo. Cuando usted salga de su zona de confort, cuando elija vivir la vida audaz, descubrirá que allí es donde *vive* Dios.

No estaría escribiendo esto si hubiera elegido vivir mi vida en mi zona segura. Cuando llevaba un tiempo siendo evangelista, estaba en la zona segura. Estaba en mi denominación. Cherise y yo viajábamos y ministrábamos. Nos iba bien, y teníamos un salario seguro. Sentíamos que teníamos un buen futuro y que todo iría mejor. Pero justo en medio de toda esa seguridad y de todo lo que andaba bien, el Espíritu de Dios comenzó a inquietarme y a provocarme con un tremendo descontento.

Me sentí absolutamente abatido, aunque tenía todo (eso creía). El Espíritu de Dios comenzó a tocarme, y dijo: "¿Estás listo para mudarte de tu zona de comodidad a la zona de fe? Puedes quedarte aquí, y estará bien, pero nunca llegarás a ver los milagros, nunca podrás ver lo sobrenatural, nunca llegarás a ver lo que Yo podría haber llegado a hacer en tu vida—a menos que te atrevas a salir de esa zona de confort e ingreses en la zona de fe".

¡Estaba tan contento que dije que sí a su invitación! Pasamos de hacer cosas buenas a estar en la perfecta voluntad de Dios, y hay una gran diferencia entre ambas cosas. Pero debo decirle que si usted está en la perfecta voluntad de Dios, en ocasiones podrá encontrarse en una posición muy insegura. Se sentirá extremadamente incómodo. Pero aprenderá a depender del Señor como nunca hubiera podido aprender en la comodidad de su zona de confort. Recuerde, cuando aparece una oportunidad dada por Dios, es un regalo de Dios para usted. Lo que usted haga con esa oportunidad es su regalo para Dios.

Usted debe entender algo respecto a Dios. La Biblia dice: "Sin fe es imposible agradar a Dios" (Hebreos 11:6). Eso significa que no importa cuánta actividad religiosa haya en su vida. Si usted no se está apoyando en su fe, no está agradándole a Dios.

> Cuando aparece una oportunidad dada por Dios, es un regalo de Dios para usted. Lo que usted haga con esa oportunidad es su regalo para Dios.

Si usted está en la zona de comodidad, no necesita orar ni buscar a Dios porque se siente bien con lo que ya tiene. Realmente no necesita estar ungido, porque puede hacer todo sin la unción. Aunque la seguridad de esa zona de confort es lo que tratamos de lograr toda la vida, esa no es la voluntad de Dios para sus hijos. Su voluntad es que sus hijos siempre dependan de Él. Siempre.

Si usted quiere estar donde Dios está, escape de esa zona de comodidad libre de riesgos y comience a vivir en la zona de fe. ¡Es arriesgado, pero la zona de fe es donde vive Dios!

La zona de fe es donde suceden los milagros. Usted nunca verá cómo se abre el "mar Rojo" mientras permanezca en su zona de confort. Nunca verá el maná caer sobrenaturalmente del cielo. Jamás verá las cosas milagrosas que Dios quiere hacer en su vida—todas esas cosas extremas, abundantes, por encima de todas las demás que pueda pedir o pensar—mientras tenga "el éxito asegurado". Así que el primer paso para vivir la vida audaz es ponerse usted mismo en un lugar en el que Dios *debe* venir en su ayuda o todo acabará.

Quizás le parezca que ya escuchó este mensaje antes, y no surtió efecto. Usted intentó correr el riesgo, trató de caminar sobre el agua, y se hundió como una piedra. Mire a Moisés. Allí estaba él, con ochenta años, y ya había pasado cuarenta en el desierto, cuidando ovejas. Su vida parecía verdaderamente un completo fracaso. Creyó que había oído a Dios la última vez, y mire lo que pasó. Y entonces una zarza ardiente entabla una conversación con él.

Dios no pareció sentirse condicionado por la limitada opinión de Moisés sobre el asunto. Él no suele necesitar a alguien que esté estupendamente preparado o que sea súper mega inteligente. Solo necesita a alguien que se apoye en Él, alguien como Moisés, que dijo: "Sí, Señor, te voy a obedecer, pero no puedo hacerlo por mi cuenta". Allí estaba él, con todos sus problemas y sus inseguridades—de los cuales su avanzada edad no era lo menor—y Dios lo ayudó a hacer lo imposible.

Mientras se quede en la zona segura, usted no crecerá. No puede seguir siendo el mismo y aprender al mismo tiempo. Muchas personas han sido salvas, y están a resguardo del infierno. Van camino al cielo, eso no se cuestiona. Está bien. Pero quizás haya más que eso. Quizás Dios esté golpeando su puerta, tratando de llamar su atención, para que salga de su pequeña casita segura hacia el bautismo del Espíritu Santo y mucho más.

> Mientras se quede en la zona segura, usted no puede seguir siendo el mismo y aprender al mismo tiempo.

Muchos tienen tanto miedo de arriesgar algo que se quedan detrás de puertas cerradas. Es como si vivieran toda su vida en Egipto, en la tierra del "no alcanza". Algunas personas escapan y dan un paso de fe, y acaban en el desierto, la tierra del "apenas". Si continúan moviéndose hacia adelante, viviendo por fe, llegará un día en el que entrarán a la tierra prometida. En la tierra que fluye leche y miel, una tierra donde la cosecha es tan grande que los dejará boquiabiertos. Es una tierra en la que hay más que suficiente. Es una tierra donde usted camina en la zona de fe en todo momento, de modo que cuando las montañas se interponen en su camino, Dios las mueve de lugar; cuando los océanos se le atraviesan, Dios los divide. Vale la pena soportar algún tiempo en el desierto para luego llegar allí, y vale la pena la incomodidad de ser exigido.

Cada vez que los creyentes salen de la seguridad de su antigua y cómoda manera de vivir y comienzan a confiar en la provisión de Dios, tienen que lidiar con el inmenso factor de lo desconocido. Mire qué palabras usó Pablo cuando les dijo a los ancianos de la iglesia de Éfeso a dónde iría luego: "Ahora, he aquí, ligado yo en espíritu, voy a Jerusalén, *sin saber* lo que allá me ha de acontecer" (Hechos 20:22, énfasis añadido). Él iba igual, "sin saber" lo que le iba a acontecer. No sabía si lo recibirían o si lo matarían. Lo único que sabía era que estaba haciendo la voluntad de Dios. Él sabía que estaba ligado al Espíritu Santo para hacer ese viaje. No sabía nada más que eso. Iba caminando a ciegas en esa situación. Eso es vivir por fe. Esa es la vida audaz.

Haga frente a sus miedos

Era una típica tarde de domingo de fines de enero. Había terminado de predicar esa mañana en mi iglesia de Gainesville, Georgia, y me estaba preparando para abordar un avión con mi esposa, dos de nuestros hijos y algunos de los colaboradores de nuestra iglesia. Íbamos hacia nuestro pastorado de California a predicar a varios miles de personas que asistirían a las dos reuniones de aquella tarde. El vuelo de ese domingo por la tarde hacia California se había convertido en una feliz rutina desde que Dios había abierto la puerta para que pastoreáramos la iglesia Free Chapel del condado de Orange, nuestras instalaciones de la Costa Oeste. Sin embargo, ese domingo sería todo menos rutinario.

Cada enero en la iglesia Free Chapel comenzábamos el año con un ayuno de veintiún días. Ese domingo en particular era especial porque era el último día del ayuno, ¡lo cual significaba que podíamos comer!

Justo cuando empezábamos a disfrutar nuestra comida, la cabina del avión se tornó súbitamente en extremo calurosa. Levantamos los brazos para abrir las ventilaciones, y se formó una nube de humo. A continuación uno de los pilotos salió de su cabina de mando y nos instó a que nos pusiéramos las máscaras y los cinturones porque íbamos a hacer un aterrizaje de emergencia debido a una pérdida de presión.

Fue entonces cuando todos comenzaron a devolver su almuerzo. Pero yo no; ¡esa era mi primera comida en veintiún días! Si ese iba a ser mi último día sobre la tierra, ¡no me iría con hambre! Le pedí a la persona que estaba sentada a mi lado que me pasara la salsa de tomate, y seguí comiendo. Tenía una mano sobre la rodilla de mi esposa para calmarla, con la otra sostenía el tenedor, y con el codo trataba de equilibrar el plato.

Seguro, tenía miedo ante la posibilidad de que algo anduviera terriblemente mal, pero en medio del miedo, tenía paz. A pesar de que era una situación aterradora, tenía calma en mi espíritu, y sabía que todo iba a ir bien. Recién cuando aterrizamos y los camiones de emergencia se abalanzaron sobre el avión me di cuenta de la magnitud de la situación. Comencé a alabar al Señor por su protección, y le declaré al enemigo que había vuelto a perder.

A la semana siguiente, cuando nos estábamos alistando para abordar el avión, el miedo me confrontó. En ese momento debí tomar una decisión: luchar contra el miedo y subir al avión, o ceder ante él y abandonar la tarea que Dios me había dado. Ese día mi oración antes de despegar fue mucho más ferviente que las anteriores. Comencé a citar el Salmo 91 y a reclamar la promesa de protección de Dios. Elegí combatir mi miedo en vez de permitir que ese miedo me conquistara. Y cada semana me seguí subiendo a ese avión y atravesé el país para ministrar a miles de personas.

Aprendí una lección ese día. Cuando el miedo se interpone en mi camino—y lo hace—tengo una opción. Mi fe puede combatir ese miedo. No tengo que entrar en pánico ni alterarme por situaciones amenazantes. Tengo que mantenerme concentrado en la promesa de Dios y dejar que mi fe pelee contra ese miedo. Él me guardará en perfecta paz.

VIVIR SIN MIEDO

Cuando pienso en esa fenomenal paz que experimenté en una situación que se podría haber considerado alarmante, comienzo a meditar en la escritura que nos promete una vida sin miedo:

> Porque no nos ha dado Dios espíritu de cobardía, sino de poder, de amor y de dominio propio.
>
> —2 TIMOTEO 1:7

Vencer el miedo es algo que todos enfrentamos cuando nos esforzamos por hacer cosas nuevas, como tomar un nuevo empleo, enamorarnos, crear una nueva línea de productos o empezar un negocio. En resumen, no puede haber progreso en la vida si no asumimos riesgos. No podemos tener éxito en la vida si nos rendimos ante el miedo.

Si usted no enfrenta sus miedos, ellos le impedirán que viva la vida victoriosa que Dios planeó para usted. Y se arrepentirá de lo que podría tener, tendría o podría haber sido.

Usted jamás será perfecto. Así que nunca será perfectamente exitoso. Eso no significa que no le vaya a ir bien en la vida, pero debe intentarlo.

¿Le da miedo intentarlo?

Oí de un muchacho que no podía hablar inglés. Le daba terror intentarlo porque no quería equivocarse. Así que encontró a un maestro de inglés y le pidió que le enseñara cómo pedir una comida en un restaurante en perfecto inglés. El maestro le enseñó cómo decir cuatro palabras: hamburguesa, papas fritas y Coca-Cola.

Después de eso, el hombre iba todos los días a pedir su hamburguesa, sus papas fritas y su Coca-Cola. Pronto se aburrió de comer lo mismo todos los días. Así que le pidió al profesor de inglés que le enseñara a pedir algo más para comer. El profesor le enseñó a decir: huevos, tostadas y jugo.

De manera que el hombre se fue feliz hacia el restaurante a pedir huevos, tostadas y jugo. Pero cuando el mozo le preguntó: "¿Cómo quiere sus huevos?", el muchacho lo miró sin comprender. Entonces el mozo le preguntó: "¿Qué clase de tostadas quiere? ¿Y prefiere jugo de naranja o de manzana?" El muchacho miró al mozo con impotencia por un momento y luego dijo: "Hamburguesa, papas fritas y Coca-Cola".

Mucha gente vive una vida de "hamburguesa, papas fritas y Coca-Cola" porque no está dispuesta a hacer algo imperfecto o intentar algo nuevo. No afronta sus miedos ni se arriesga a equivocarse. Su respuesta a tener que correr un riesgo es ir a lo seguro. Pero no se puede agradar a Dios yendo a lo seguro, y usted no podrá tener éxito en la vida si no se arriesga.

¿Esto significa algo en su vida en este momento? ¿Está usted de alguna manera estancado por miedo al fracaso o al sufrimiento? ¿Ha intentado mantenerse arropado en su pequeña zona segura para no volver a ser vulnerable nunca más? Quizás usted haya tenido que atravesar un divorcio y no quiere volver a confiar en nadie. Quizás sea otra cosa. Sea lo que fuere, mírelo detenidamente, obsérvelo. Compárelo con las escrituras que nos prometen una vida sin miedos. Recuerde a Pablo y a Moisés y a todos los demás que corrieron riesgos y abandonaron sus rutinas.

Ábrase al Espíritu Santo y haga esta oración conmigo:

> *Padre celestial, quiero entregarte todos mis miedos. Te entrego toda mi vida. Quiero vivir en fe. Creo, ¡ayuda mi incredulidad! Lléname de coraje, y equípame con fe. La necesito. Quiero caminar en tu voluntad.*

2

NO TEMER AL FRACASO

FRACASO. No EXISTE casi ninguna otra palabra tan aterradora en el lenguaje humano. Fracaso en la economía, en el matrimonio, en las notas, en cumplir los sueños. El miedo al fracaso es tan paralizante que impide que muchas personas traten de alcanzar sus sueños; sencillamente no pueden afrontar el riesgo de intentarlo y fracasar.

¿Qué le impide a usted vivir su sueño? ¿Tiene miedo de arriesgarse y fracasar en cumplir su destino? Usted solo podrá vivir la vida audaz cuando espere andar en el éxito que Dios le tiene reservado. Solo así podrá vivir en el propósito y destino divinos, donde conocerá la realización plena en su vida.

El miedo al fracaso está en la lista de los diez peores miedos humanos. Aparece junto a otros miedos "aprendidos" que incluyen el miedo a hablar en público, al rechazo, a la desaprobación, a cometer errores, a la soledad, a los problemas financieros y a la muerte.[1]

¿Sabía que se han identificado más de dos mil miedos o fobias en la experiencia humana? Sí, según los psicólogos, los seres humanos nacen con solo dos miedos básicos: el miedo a los ruidos fuertes y el miedo a caer. Todos los otros miedos son aprendidos.[2]

Eso significa que usted no nació con miedo al fracaso. Usted aprendió a tener miedo a fracasar por lo que ha experimentado en su vida. El fracaso no era la intención de Dios para la humanidad. El miedo entró en la raza humana por causa del pecado.

Lo primero que hizo Adán después de haber pecado fue correr y esconderse de la presencia de Dios. Cuando Dios vino a tener comunión con él al aire del día, a Adán no se lo veía por ningún lado. Dios lo llamó, y Adán respondió: "Oí tu voz en el huerto, y *tuve miedo*, porque estaba desnudo; y me escondí" (Génesis 3:10, énfasis añadido).

El principal mal que Satanás soltó sobre la tierra a través del pecado fue el miedo. Ahora la gente sufre el tormento de toda clase de miedos que la paralizan, privándola de una vida victoriosa. El miedo hará que usted deje de intentar cosas porque podría fallar, hacer el ridículo o ser rechazado.

¿Recuerda el álbum de Michael Jackson, *Thriller*? Este suceso de canción y video musical aparece en la lista del libro de los Récord Guinness (2006) como el video musical más exitoso. Se enfoca en el miedo a las películas de suspenso. ¿Por qué es tan popular? Hay muchas razones, pero creo que al menos uno de los motivos por los que a la gente le gusta tanto es porque se concentra en el miedo, y todos se pueden identificar con el miedo.

LO MOMENTOS DE TERROR PUEDEN SER GRANDES OPORTUNIDADES

Algunos de mis momentos de mayor miedo me han proporcionado grandes oportunidades. Cuando el Señor me llamó a predicar, estaba viajando con mi hermano, que era evangelista. Una noche me invitó a predicar en una reunión de avivamiento donde él ministraba. Durante toda la semana anterior a esa oportunidad estuve tan nervioso y asustado que me enfermé.

Usted no podrá encontrar una persona más tímida, retraída e introvertida que lo que era yo en ese tiempo. Mi corazón golpeteaba de solo pensar que tendría que pararme frente a la gente. Ayuné y oré esa semana, y todavía recuerdo el terror que sentía cuando subí al auto mientras mi hermano me llevaba a la reunión en la que debía predicar mi primer sermón.

Agonizaba en el asiento del pasajero pensando algo como: "Esto no está pasando. Simplemente no está pasando". Allí estaba yo, a punto de pararme frente a cuarenta personas y predicar. De haber sido cuarenta mil personas, hubiese sido lo mismo, por el miedo que yo tenía. Mi mente se aceleraba. Pensé: "¿Qué crees que estás haciendo? No vas a recordar ni una palabra de lo que debes predicar". Estaba seguro de que haría el ridículo. ¿Qué pasaría si fallaba?

El pastor de la iglesia me presentó y anunció que yo predicaría mi primer sermón. Yo me encogí en mi asiento, temeroso de pasar vergüenza y de verme estúpido. Pero desafié a mi miedo. Prediqué el sermón.

> Superar uno de mis momentos más aterradores, había sido mi mayor oportunidad.

Fue una prédica lastimosa, pero años después me di cuenta de que superar uno de los momentos más aterradores, había sido mi mayor oportunidad. El destino se me abrió a través de esa oportunidad.

Algunos de mis momentos de mayor miedo

fueron cuando estaba de novio con mi esposa. Junté el valor para invitarla a salir y ella aceptó. Me sentí aliviado y agradecido. Después de haber salido algunas veces, me di cuenta de que se volvía algo serio pues nos interesábamos cada vez más el uno por el otro. En ese tiempo yo viajaba como evangelista y estaba ministrando en un avivamiento en Alabama. Así que le pedí si podía tratar de viajar y asistir a las reuniones para verme. Su tía y su tío ofrecieron llevarla, y así se hicieron todos los arreglos.

Antes de que ellos salieran hacia Alabama, su madre le dijo que sabía que durante aquella visita yo le diría que la amaba. Por supuesto, no supe nada de eso hasta después.

Al término de la reunión la invité a cenar, junto con sus tíos. Más tarde esa noche, estábamos sentados, conversando. Cuando la conversación progresó, aproveché la oportunidad para decirle: "Te amo".

La conversación terminó abruptamente. Ella se apartó en completo silencio por lo que me pareció una eternidad. Inmediatamente el miedo se apoderó de mí. Yo no sabía que ella estaba conmocionada, pensando en lo que su madre le había dicho. Yo solo sabía que le había dicho que la amaba y pensaba que su silencio significaba que ella no sentía lo mismo.

Así que entré en pánico, creyendo que había malinterpretado sus sentimientos y que ella iba a rechazar mi amor. Rápidamente, intenté encontrar la forma de retractarme. Balbuceé, tratando de decir algo que la tranquilizara. Logré decir: "Sabes, cuando alguien dice que te ama, puede significar muchas cosas, como 'nunca me había sentido así', o 'me importas mucho'. No significa necesariamente que esté enamorado de ti". Luchaba desesperadamente por salir de mi dilema cuando ella me interrumpió.

A través de la neblina de mi miedo, la oí decir: "Yo también te amo". El alivio inundó mi mente y mi corazón, y dejé escapar un: "OK, yo realmente te amo". Como dicen, el resto es historia. Nos hemos reído muchas veces de aquel momento. Pero ¿qué hubiera pasado si hubiera cedido ante el miedo al rechazo? ¿Qué si no me hubiera arriesgado a decirle cómo me sentía en ese momento? Podría haber perdido al gran amor de mi vida.

Cuando le pedí que se casara conmigo, otra vez sentí que me moría de miedo. Pensé: "¿Qué pasa si lo reconsidera? ¿Y qué si dice que no?". Pero ella dijo que sí, y ese momento aterrador llevó a una de las mejores oportunidades de mi vida: la luna de miel. Llevamos casados más de veinte años, y tenemos cinco hijos maravillosos. ¿Qué hubiera sucedido si me hubiera perdido todo eso por ceder ante el miedo? Vivir la vida audazmente significa aprovechar las oportunidades.

Sea usted casado o soltero, podrá entender cómo estos ejemplos tienen que ver con las diferentes relaciones de nuestras vidas. ¿Cuándo fue la última vez que usted entabló con audacia una conversación con extraños y les compartió el amor de Jesús? ¿Alguna vez le ha ofrecido con toda libertad su amistad a alguien para ver si Dios lo podía usar para ministrar las necesidades de alguna persona? En ese proceso, usted puede llegar a entablar relaciones provechosas que duren toda la vida y se conviertan en una bendición para su vida. Usted no sabe lo que se puede perder si permite que su miedo al rechazo lo paralice.

Otro ejemplo de mi propia vida es cuando Cherise y yo dejamos la denominación en la que habíamos comenzado en el ministerio porque Dios nos dijo que nos fuéramos a una pequeña iglesia en Gainesville. Mi mente me gritaba que regresara a casa y me quedara seguro en el ministerio donde estaba cómodo. Pero Dios nos dio el coraje para dejar todo lo que nos resultaba familiar y que amábamos para comenzar a ministrar en la iglesia Free Chapel, de Gainesville. Dios ha estado con nosotros y nos ha dado éxito.

Cada expansión de este ministerio demanda que venza el miedo que podría hacerme quedar en lo seguro. A veces parece imposible que podamos hacer lo que Dios nos dijo que hiciéramos. Construir edificios que cuestan millones de dólares para hospedar la visión que Dios nos ha dado requiere coraje. Establecer vínculos con la comunidad e ir a las naciones ha sido un desafío a cada paso del camino. El miedo nos podría haber hecho quedar sin fruto en esas áreas.

Recuerdo cuando Dios nos dio la oportunidad de agregar nuestro segundo campus en el condado de Orange. Cuando me subí por primera vez al avión para volar a California, mi mente me decía que yo no sabía lo que estaba haciendo. ¿Cómo podría pastorear una iglesia en la Costa Este y otra en la Oeste, ambas el mismo día?

Pero ahora la iglesia del condado de Orange ha crecido a varios miles de personas y tiene una efectiva participación en la comunidad. Si Dios le dice que haga algo, usted debe hacerlo y así avergonzará al diablo. Combata el miedo que trata de obstaculizar su camino. Cuando usted vive la vida audazmente, saca provecho de las oportunidades.

Cuando miro hacia atrás, a ese primer sermón que prediqué en aquella pequeña iglesia de pueblo, me doy cuenta de que el mensaje fue enorme. Fue un regalo de Dios que me dio la oportunidad de entrar en el destino. Ahora Dios me ha dado la posibilidad de predicar a multitud de personas mediante viajes y por la televisión. Todo se remonta a aquel primer mensaje que prediqué en uno de mis momentos más aterradores.

Cuando recuerdo la primera invitación que le hice a mi esposa para que saliera conmigo, soy consciente de que superar ese momento de miedo abrió una maravillosa puerta a mi futuro. Atreverme a combatir el miedo dio como resultado en mi vida oportunidades para andar en el destino que de otra manera habría perdido.

¿Qué hay de usted? Me pregunto cuáles son las oportunidades que Dios colocó en su vida para ascenderlo a una victoria increíble y ante las que usted está retrocediendo. ¿Qué cosa ha temido hacer que podría haber sido una oportunidad dada por Dios para su futuro? Dios quiere que usted saque ventaja de las oportunidades. Él quiere que usted experimente una victoria de proporciones increíbles si combate su miedo y asume riesgos.

Quizás las probabilidades le jueguen en contra. La familia se opone. Usted puede creer que es un insensato y que el resultado podría ser cuestionable. Pero si está esperando que llegue el momento perfecto con poco o ningún riesgo de fracaso, usted no entrará en el destino que Dios le tiene reservado. Eso siempre conlleva un riesgo.

Lo que puede parecer una oportunidad insignificante, como mi primer sermón, podría ser una gran puerta que gira sobre una pequeña bisagra: su decisión de aprovechar esa pequeña oportunidad.

¿Cuál es su contribución?

Thomas Edison falló en seis mil intentos de crear una bombilla eléctrica que funcionara. En una ocasión un joven periodista le preguntó a Edison por qué seguía intentando y fallando para hacer que la luz funcionara con electricidad. "¿No sabe que las lámparas de gas vinieron para quedarse?" Edison respondió: "No he fallado. Solo encontré diez mil formas que no sirven".[3]

Raymond Kroc tuvo muy poco éxito en una cantidad de emprendimientos comerciales antes de conocer los restaurantes de hamburguesas de los hermanos McDonald's. Él estaba viajando por todo el país vendiendo licuadoras. Después de trabajar con ellos por algún tiempo, Kroc arriesgó todo para comprar a los hermanos McDonald's los restaurantes de hamburguesas. Implementó la idea de la línea de ensamblaje de Henry Ford, y así cambió la forma de hacer hamburguesas. De esos esfuerzos nacieron las arcas doradas de McDonald's.[4]

¿Qué hubiera sido de nuestro progreso científico del siglo XXI si Thomas Edison hubiera abandonado sus experimentos con la lamparita eléctrica después de diez mil fracasos? ¿Cuántas hamburguesas y papas fritas de McDonald's hubiera comido usted si Ray Kroc no hubiera superado su fracaso en los negocios? Ellos se negaron a aceptar el fracaso y siguieron buscando una mejor oportunidad para su potencial éxito.

¿Hará usted su contribución al mundo como Dios planeó? Creo que uno de los lugares del mundo con más riquezas es el cementerio.

> Uno de los lugares del mundo con más riquezas es el cementerio. ¿Cuántas personas han tomado su potencial para escribir un libro, componer música, curar enfermedades o inventar un instrumento vital y se lo han llevado a la tumba por miedo?

¿Cuántas personas han tomado su potencial para escribir un libro, componer música, curar enfermedades o inventar un instrumento vital y se lo han llevado a la tumba por miedo? ¿Cuántas personas no logran nunca nada porque tienen miedo de verse tontas en el intento? El miedo al fracaso hace que usted se esconda de la oportunidad.

¿CÓMO DEFINE USTED EL FRACASO?

Fracasar, de acuerdo con el Diccionario de la Real Academia Española, significa: "No tener éxito; frustrarse, tener resultado adverso, no llegar a buen fin". De acuerdo con esa definición, el índice de fracaso de la raza humana ¡es del cien por ciento!

Es imposible para un ser humano eliminar el fracaso de su vida. Así que la verdadera pregunta es: ¿Qué hará usted cuando falle? ¿En una relación? ¿En un negocio? ¿Al no alcanzar sus metas personales? ¿Se dará por vencido por miedo al fracaso y dejará de intentarlo?

Vivir la vida audazmente exige que usted supere su miedo al fracaso. Si no lo hace, se paralizará ante la perspectiva de asumir un riesgo. Cuando falle, lo importante es recordar no darse por vencido. La historia demuestra que en realidad el fracaso puede llegar a ser un catalizador que lo impulse hacia el éxito.

Napoleón era el cuadragésimo segundo en una clase de cuarenta y tres, pero condujo exitosamente su ejército para conquistar el mundo. George Washington perdió dos tercios de sus batallas militares, pero ganó la Guerra de la Independencia contra probabilidades abrumadoras. La lista de fracasos de Abraham Lincoln sobrepasó sus éxitos antes de que en 1861 se convirtiera en uno de los mejores presidentes de los Estados Unidos. Estos son algunos de los fracasos que él experimentó:[5]

FRACASOS DE ABRAHAM LINCOLN

1832: Perdió en la legislatura estatal
1833: Fracasó en los negocios
1835: Murió su prometida
1836: Sufrió un colapso nervioso
1838: Fue derrotado en la Cámara de Representantes de Illinois
1843: Fue derrotado para la nominación al Congreso
1848: Perdió la reelección
1854: Fue derrotado en el Senado de Estados Unidos
1856: Fue derrotado para la nominación a vicepresidente
1858: Otra vez fue derrotado para el Senado de los Estados Unidos

Albert Einstein fue considerando un tonto y le dijeron que dejara de estudiar física y se dedicara a otra carrera. Hoy su nombre es sinónimo de la palabra genio. Se le acredita el descubrimiento de la teoría de la relatividad y se lo llama el Padre de la Era Atómica. La comunidad científica lo llama el científico más grande desde Sir Isaac Newton.[6]

Cuando usted piensa en George Washington, Abraham Lincoln, o Albert Einstein, probablemente no recuerda sus fracasos. Recuerda sus contribuciones al mundo. Sin embargo, ¿cómo hubiera cambiado la historia si sus éxitos hubiesen sido abortados porque abandonaron ante el primer fracaso?

Usted debe tomar conciencia de que el fracaso no es algo definitivo. La Biblia dice que siete veces cae el justo, y vuelve a levantarse (Proverbios 24:16). Y el fracaso no es fatal. Usted puede volver a empezar después de un fracaso. El miedo al fracaso es lo que puede ser fatal para sus metas en la vida. El miedo puede evitar que usted lo vuelva a intentar.

> Uno de los lugares del mundo con más riquezas es el cementerio. ¿Cuántas personas han tomado su potencial para escribir un libro, componer música, curar enfermedades o inventar un instrumento vital y se lo han llevado a la tumba por miedo?

En el béisbol, las superestrellas no batean la pelota el 70% de las veces. Si mantienen un promedio de bateo de 300 o mejor, son consideradas las mejores en el juego. Eso significa que de cada mil veces que salen a batear, fallarán setecientas veces en llegar a la base. Estos campeones atléticos tienen que vivir con ese enorme índice de errores cada día.

Roger Bannister, un joven médico estudiante de Oxford, quería formar parte de un equipo de carreras. Trabajó mucho para ponerse en forma. Y en 1952 corrió en los juegos Olímpicos y perdió. No terminó más allá del cuarto lugar y falló, no ganó una medalla. Pero Roger Bannister no abandonó al enfrentar ese fracaso.

Los expertos habían concluido que no era humanamente posible correr una milla en menos de cuatro minutos. Sin embargo, esa era la meta de Bannister. Y el 6 de mayo de 1954 se convirtió en el primer hombre que corrió una milla en menos de cuatro minutos. Su marca fue de 3 minutos y 59.4 segundos. Él se negó a aceptar el pensamiento de imposibilidad de los expertos. Luego del éxito de Bannister, otros atletas también fueron inspirados a romper el récord de cuatro minutos.[7]

Los beneficios del fracaso

Si usted no abandona cuando fracasa, al final tendrá éxito en la vida. Cuando los bebés comienzan a aprender a caminar, empiezan a golpearse con cada mueble de la casa. Se levantan y se vuelven a caer hasta que aprenden a tener el equilibrio necesario para poder caminar.

La vida es así. Usted debe decidir seguir levantándose cada vez que cae. Siga mirando hacia delante. No pierda su tiempo lamentándose por sus fracasos anteriores. Usted tiene metas que debe alcanzar y que necesitan de toda su energía. Como ve, el verdadero fracaso no es caerse; usted solo fracasará realmente si deja de levantarse y de volver a intentar.

En realidad el fracaso tiene algunos beneficios para su vida. Alguien ha llegado a una sabia conclusión: "Es un error suponer que la gente obtiene éxitos a través del éxito; a menudo tiene éxito a través de los fracasos".[8]

El salmista dijo que le era bueno fallar porque así aprendería las consecuencias de sus acciones. Reconoció que iba por un mal camino y que podía cambiarlo para agradar a Dios y tener éxito en la vida (Salmos 119:6-7).

1. Cuando las personas fracasan en un área, eso las lleva a explorar otras vías para el éxito. La mayoría de las victorias de la vida se basan en el principio de prueba y error. Recuerde, fracasar no es no alcanzar su meta. Fracasar es no hacer el esfuerzo.

2. En ocasiones, fracasar le ayudará a descubrir su área de éxito. Por ejemplo, cuando usted odia un trabajo, seguramente fracasará en él. Pero al perder ese puesto que odiaba, puede sentirse presionado a buscar otro que realmente le guste.

   Nathaniel Hawthorne estudió para convertirse en un escritor famoso. Sin embargo, su primera novela no tuvo éxito. No podía ganarse la vida escribiendo y quería casarse. Así que Hawthorne aceptó un puesto como tasador para pagar sus cuentas. Pero finalmente renunció a ese trabajo. Desesperado, volvió a escribir, algo que él amaba, sabiendo que debía vivir de ello. Escribió diligentemente y fue el autor de la famosa novela *La letra escarlata*. Tuvo un éxito inmediato. Desde ese momento, Hawthorne pudo disfrutar su deseada carrera como escritor.[9]

3. Otro beneficio del fracaso es que lo hará menos sentencioso. Cuando usted fracasa, se vuelve más comprensivo con las fallas de los demás. Deja de patear a la gente cuando está en el suelo, diciendo cosas como: "No puedo creer que haya hecho eso". Ahora sabe cuánto duele fallar, y siente el dolor del otro porque usted ya lo ha experimentado.

No permita que el miedo al fracaso le robe la productividad y el gozo en la vida. Esté dispuesto a fallar y aprenda de su experiencia. Usted no puede tener una vida perfecta sin cometer algunos errores.

La Biblia usa un lenguaje agrícola para decir que para mantenerse productivo hay que soportar un granero desordenado. Sin bueyes el granero está vacío (Proverbios 14:4). Pero donde haya bueyes, habrá desorden. ¿Prefiere ser productivo o tener un granero ordenado?

Si decide casarse y tener hijos, le garantizo que tendrá algo de desorden. Es inevitable que los niños ensucien el granero. Eso viene con la bendición de la familia. Los hijos vienen completos, con una cuota de problemas. Su opción es vivir solo y disfrutar una vida menos complicada, o aceptar los problemas que vienen con tener una familia, junto con las alegrías.

La clave para vivir audazmente la vida es estar dispuesto a correr riesgos. Eso puede asustar por momentos. Incluso cuando usted elige vivir la vida audazmente, a veces tendrá miedo. El salmista declaró: "En el día que temo, yo en ti confío" (Salmos 56:3). La manera en que usted puede vencer el miedo al fracaso es enfrentando su miedo y vivir una vida feliz, productiva y audaz.

La valentía es audacia

Cuando mi padre murió repentinamente a los cincuenta y seis años, dejó atrás una congregación que lo había tomado como su Moisés. Me di cuenta de que el miedo los estaba paralizando y los mantenía apartados de su destino como iglesia. Después de su funeral, Dios me dio un mensaje para esa iglesia que los ayudó a ir hacia delante, hacia su tierra prometida.

Prediqué sobre el encuentro de Josué con Dios

después de la muerte de Moisés. Dios le dijo a Josué que no tuviera miedo. Y le dio cuatro razones para no temer. Dios sabía que el peor enemigo que Josué tendría que enfrentar no serían los gigantes de la tierra, sino las sutiles voces que gritaban dentro de ellos: "¿Quién te crees que eres? Tú no eres capaz".

¿Está enfrentando una situación difícil? ¿Sus circunstancias han cambiado inesperadamente? Usted tiene que estar dispuesto a enfrentar esas voces aterradoras y correr el riesgo de ir hacia adelante, a su destino. No puede rendirse ante el espíritu de timidez ni retroceder cuando las cosas se ponen difíciles.

Dios le estaba dando a Josué palabras de aliento sobre vivir audazmente. Le podría haber dicho cómo formar un gran ejército y cómo ser un gran líder. Pero lo único que le dijo fue que no permitiera que el miedo se apoderase de él. Si el espíritu de temor comienza a dominarlo, lo hará retroceder cuando Dios tiene la victoria para usted.

Dios tiene todo el poder para obrar a través de usted cuando usted rehúse temer. Usted debe enfrentar a los gigantes. Luego Dios peleará por usted y ganará la batalla. Dios le dice lo que le dijo a Josué. Si es lo suficientemente valiente como para obedecer lo que Dios le diga que haga, ¡usted seguirá ganando! Si puede mantenerse libre del espíritu de temor, nada podrá derrotarlo. Esa es la vida audaz.

Demos una mirada a las razones que necesitó Josué para ser valiente al enfrentar el miedo.

Razón 1: Ser valiente por el bien del pueblo

Primero, Dios le dijo a Josué que se esforzara y fuera valiente por el bien del pueblo (Josué 1:6). Cuando usted enfrenta la vida con coraje y sigue a Dios con todo su corazón, otros que están a su alrededor se beneficiarán de su éxito. Su familia, amigos y otros a quienes usted influencia podrán seguirlo hacia la tierra prometida por su testimonio, sus decisiones en Dios, y su coraje para correr riesgos y vivir audazmente la vida.

Su vida no es solo predicar sobre la tierra prometida y cumplir su destino. Nadie vive aislado. Su matrimonio, sus hijos, su empleador o sus empleados, amigos, e incluso las almas perdidas que hay a su alrededor lo están observando. Quieren ver si usted afronta los problemas con valor o si cede ante el miedo. Ellos pueden aprender de usted cómo superar el miedo mientras ven cómo afronta valientemente los obstáculos a su victoria.

Dios habló esta realidad a mi corazón en uno de los valles más oscuros que tuve que atravesar como pastor. Había una intensa batalla contra mi ministerio y contra la iglesia. La fatiga mental, emocional y física me abrumaba. No parecía haber victoria ni recompensa posible al mirar las apabullantes probabilidades.

El Señor me dijo: "No temas, por el bien del pueblo". Su palabra me ayudó a juntar valor sobrenatural para no rendirme por el bien de ellos. Y hoy Dios ha ganado esa abrumadora batalla y me ha dado una cosecha de almas muchísimo más grande de lo que jamás podría haber imaginado. Cada vez que la fe es puesta a prueba y prevalece el coraje, usted se hace más fuerte y es equipado para mayores victorias futuras.

Debido a que el pueblo de Israel cruzó a la tierra prometida hace varios siglos, ahora nosotros podemos entrar a nuestra tierra prometida en Cristo. El plan de Dios para dar a luz al Mesías a través de esa nación forma parte de nuestra historia. Necesitábamos que ellos tuvieran éxito para que se cumpliera el plan de Dios de un Salvador.

Del mismo modo, hay personas que están unidas a su vida, y Dios necesita que tenga éxito porque ellas dependen de usted. No solamente está aprendiendo a convertirse en alguien audaz por lo que logrará con ello. Dios ha unido a otros a su sueño y su destino. No subestime el poder que su vida tendrá en las generaciones futuras cuando venza al miedo por el bien de la gente.

Razón 2: Ser valiente por su propio bien

Dios le dijo a Josué que fuera valiente por su propio bien. Le dijo que no tuviera miedo y se esforzara para que fuera prosperado en todas las cosas que emprendiera (Josué 1:7). Josué había sido preparado en el desierto y enseñado por Moisés para conducir a Israel a la Tierra Prometida. Dios no quería que el miedo al fracaso paralizara a Josué y le impidiera cumplir la tremenda tarea que tenía por delante.

¿Se está achicando ante una oportunidad que le parece demasiado grande para usted? Si usted ha entregado su vida a Cristo, puede esperar que Él le dé la capacidad y los recursos que necesita para tener éxito. Su meta principal es resistir al miedo y confiar en que Dios lo hará pasar por esa puerta de oportunidad.

Dios había invertido mucho en Josué. El éxito o el fracaso de una nación entera descansaban sobre sus hombros. Él le recordó a Josué que fuera valiente no solo por el bien del pueblo sino también por su propio bien, para que fuera prosperado en todo lo que emprendiera.

Dios también ha invertido mucho en usted. Como hijo suyo, usted debe confiar en que Él le dará un genuino éxito por su propio bien. El deseo de Dios es prosperarlo en todo lo que usted haga.

Razón 3: Ser valiente por el bien del Señor

Dios le dijo a Josué que no tuviera miedo por el bien del Señor (Josué 1:9). Le prometió a Josué que estaría con él donde quiera que fuera. El Señor tenía más interés en el éxito de Israel que el propio pueblo. El plan eterno de traer el Mesías dependía del éxito de Israel. Dios estaba haciendo su parte para convertir a esos esclavos en una nación que sirviera al verdadero Dios.

Todas las naciones paganas de los alrededores habían observado las plagas sobrenaturales con las que Dios había liberado a su pueblo de Egipto. Si Él fracasaba en conquistar la Tierra Prometida, ese fracaso se le reprocharía a su gran nombre. Era necesario que Josué exhibiera coraje por el bien del propio Señor.

La reputación de Dios esta en juego cuando Él le hace a usted una promesa. Si usted, por miedo, fracasa en heredar sus promesas, su fracaso afectará en última instancia el gran corazón de Dios. Él lo ama y ha decretado que usted ande en sus caminos y cumpla su destino confiando en su gran amor. Y tiene un plan para que usted tenga éxito.

Razón 4: Ser valiente por el bien de los enemigos

Dios le dijo a Josué que no tuviera miedo por el bien de sus enemigos (Josué 1:18). Dios sabía que había enemigos que esperaban a su pueblo. Le dijo a Josué que se esforzara y fuera valiente al enfrentarlos. Le prometió que estaría con él y que pelearía por él. Josué solo necesitaba vencer el miedo por el bien de sus enemigos.

Por el bien de sus enemigos, Dios quiere probar su victoria en su vida. El rey David escribió: "Aderezas mesa delante de mí en presencia de mis angustiadores; unges mi cabeza con aceite; mi copa está rebosando" (Salmos 23:5). Dios defiende a sus siervos cuando se niegan a temer a sus enemigos.

A veces es bueno tener enemigos. Un enemigo puede empujarlo hacia la victoria en maneras que un amigo no podría. ¿Quién habría oído de David si no hubiera sido por Goliat? ¿Usted habría conocido a Moisés si no hubiese habido un faraón oprimiendo al pueblo de Dios? ¿Y qué sabría usted de

Ester si no hubiera sido por el perverso complot de Amán contra los judíos?

¿Qué es lo que está obstaculizando su sueño? ¿Hay algún enemigo entre usted y su cumplimiento? Anímese a confrontar a su enemigo sin miedo ni intimidación, y se convertirá en un instrumento en las manos de Dios para impulsarlo hacia su destino.

Su Padre celestial tiene más fervor por protegerlo de sus enemigos del que usted puede tener por proteger a sus hijos del bravucón de la escuela. Cuando usted se rinde al señorío de Dios, Él asume la responsabilidad de pelear por usted. A veces Dios lo bendecirá solo porque su enemigo viene contra usted. Él dice: "No voy a dejar que fracases porque tienes tantos enemigos". Usted nunca debe temer.

Cuando Absalón, el hijo de David, le arrebató el trono a su padre, un hombre llamado Simei lo siguió. Maldijo continuamente a David y le arrojó piedras. Los siervos de David le pidieron permiso para matar a Simei. Pero David dijo: "Dejadle que maldiga…Quizá mirará Jehová mi aflicción, y me dará Jehová bien por sus maldiciones de hoy" (2 Samuel 16:11-12). Absalón murió ese día, y el trono le fue restaurado a David. Una vez más Dios le preparó mesa a David en presencia de sus enemigos.

La congregación de mi padre fue alentada por

este mensaje a vivir audazmente. Esa iglesia llegó a ser más grande y más poderosa que antes. No retrocedieron por miedo. Marcharon hacia adelante en el coraje que Dios les dio para llevar a cabo su destino.

¿PELEARÁ USTED POR SU "TERRENO DE LENTEJAS"?

El rey David mostró sabiduría al rodearse de hombres de carácter e integridad. Eran hombres valientes dispuestos a morir por sus convicciones. Uno de esos hombres se llamaba Sama. Se paró en medio de un terreno de lentejas y lo defendió de los filisteos cuando todos los demás huyeron. Él era fiel a David y peleó solo contra todas las probabilidades para defender un terreno de lentejas.

¿Por qué un hombre estaría dispuesto a morir por un terreno de lentejas? Seguro que no era por el valor monetario de esas lentejas. Ese terreno común y silvestre de lentejas no era valioso; era crucial. Sama entendió que si comprometía esa posición, el enemigo podría seguir venciendo y ocuparía más territorio de ellos.

Si él entregaba ese terreno, ¿qué seguiría después? ¿Su casa? ¿Sus hijos? ¿Su ciudad? Hay una lección fundamental en pararse solo contra el miedo.

Apenas usted cede una pulgada al miedo, deberá cederle más territorio. Y antes de que pueda darse cuenta, perderá todo lo que tenía en Dios porque no tomó una posición.

¿Qué convicciones ha puesto en peligro usted? Quizás parezcan cosas menores: una mirada a una revista o a una página web pornográfica, utilizar una palabrota en el trabajo, hacer trampa en sus impuestos. Entienda que esas cosas que pueden parecer pequeñas son cruciales para su vida cristiana. Cuando usted renuncia a pequeñas convicciones de su vida—pequeños actos de desobediencia que nadie nota—se vuelve más fácil poner en juego asuntos más importantes de su vida.

Cuando Sama defendió ese terreno y mató a los filisteos enemigos, Dios trajo una gran victoria. Esa batalla de resistencia a muerte se convirtió en una oportunidad para Sama. Él no solo derrotó al enemigo ese día; también entró en su destino para convertirse en uno de los valientes de David.

Usted debe ser como Sama. Colóquese en una posición en la que pueda pelear solo contra el enemigo cuando los demás huyen. Párese firme por sus convicciones más pequeñas aunque los demás transijan con el enemigo. Es así como ayudará a las fuerzas de la justicia en la batalla invisible que Dios pelea por usted.

Lo único que evita que las fuerzas del mal cumplan su misión en usted y en su familia es que se ponga firme y diga: "¡Quizás parezca un tonto, pero este terreno de lentejas me importa!". ¡Sus convicciones importan!

No permita que el miedo se aloje en su corazón sin tomar posición contra él. Hágalo, simplemente porque es lo correcto. Viva según los principios de la libertad y la verdad, y tendrá en la vida de los otros un impacto mayor de lo que jamás soñó que fuera posible. Nada es demasiado pequeño para que lo defienda del ataque del enemigo.

No debe temer al león

Uno de mis héroes bíblicos favoritos es un hombre llamado Benaía, que no le dio la espalda al peligro. En realidad, persiguió a un león, que es uno de los animales más peligrosos que usted jamás podría encontrar. Conocido como el rey de las bestias por su gran fortaleza, los leones machos pueden medir más de ocho pies de largo (2,40 m), sin contar la cola.

Estos animales carnívoros tienen treinta penetrantes, filosos dientes, caninos para agarrar y matar a sus presas y molares en forma de tijera para cortar su carne. Y son capaces de correr muy rápidamente distancias cortas, especialmente cuando atacan una presa veloz.[10]

Benaía era el hijo de un valiente guerrero, Joiada (2 Samuel 23:20). Parece que el coraje de su padre había influenciado a Benaía para que también llegara a ser uno de los valientes guerreros. Un día nevoso Benaía decidió perseguir a un león, sabiendo que tendría que matarlo o morir en el encuentro.

La Biblia nos cuenta el resultado de ese encuentro pero no los detalles. Dice que Benaía descendió a un foso donde estaba el león y lo mató. Él estaba persiguiendo al león; el león no lo estaba acechando a él. Evidentemente estaba solo. Él tenía que confiar en que su valor lo libraría de la terrible muerte que solo un león puede infligir.

Para vivir la vida audaz no basta con ser un hombre común y corriente. Usted debe tener el coraje de asumir riesgos contra todas las probabilidades. Tiene que ser como Benaía y perseguir al león que plantea una amenaza para usted y su familia.

Ese león fue una oportunidad para Benaía. ¿Sabía usted que vencer a ese león luego formaría parte de su hoja de vida? ¿Que abriría una puerta para

que él llegara a ser uno de los valientes de David?
Probablemente no. Pero él lo persiguió igual.

Y después de llegar a ser guardaespaldas del rey
David, Benaía fue promovido a capitán de todo el
ejército de Israel bajo el rey Salomón. Se convirtió
en el segundo hombre más poderoso de Israel por
el coraje y la audacia que demostró. Cada situación
peligrosa que enfrentó Benaía fue una oportunidad
de Dios para que se volviera más audaz.

Si usted va a ser audaz, debe aprovechar las oportunidades. No espere a ser atacado; vaya a la ofen-
siva cuando se le presente una oportunidad. Dios
quiere que usted aproveche las oportunidades. Si
usted canta, únase a un coro. Si está pensando en
iniciar un nuevo negocio, dé los pasos necesarios e
investigue cuáles son sus posibilidades. Si está solo,
esfuércese por hacer amigos.

Este puede parecerle su momento más aterrador.
Entiendo cómo se siente. Pero a Dios le gusta ver
cómo usted sale en fe y conquista sus miedos.
Cuando le dije que sí a esa primera oportunidad de
predicar en la reunión de avivamiento de mi hermano, caminé hacia el púlpito sintiéndome asustado y débil.

Yo no sabía en ese momento que el frágil
aleteo de mis alas estaba cambiando los patrones

climáticos espirituales de mi vida. Y no soñé que un pequeño sermón comenzaría a soplar un cambio en las vidas de una iglesia de Gainesville, Georgia; de otra iglesia del condado de Orange, California; y de naciones del mundo.

Busque y acepte la más pequeña de las oportunidades que Dios le dé. Ore y pida a Dios que le hable y le muestre qué es lo que quiere de usted. Cuando Dios está con usted, Él cambia las probabilidades. Cuando Dios está en la ecuación, su "nada" más la omnipotencia de Dios equivale a más que suficiente.

Declare su Palabra: "Todo lo puedo en Cristo que me fortalece" (Filipenses 4:13). Luego, aunque todo lo que tenga sea un "quizá", será capaz de conquistar su miedo y caminar solo en fe.

¿Qué hace cuando lo único que tiene es un "quizá"?

¿Le gusta tener todo asegurado antes de asumir un riesgo? ¿Le gusta invertir su dinero en algo que le garantice cierta tasa de interés? ¿Tiene que estar seguro de que le cae bien a alguien antes de ofrecerle su amistad? Muchas veces cuando Dios quiere que usted haga algo, al principio no parece ser algo seguro. La mayoría de los grandes milagros de la

Biblia se produjeron cuando la gente salió en fe sobre un quizá.

En una ocasión Jonatan, el hijo del rey Saúl, estaba persiguiendo al gran ejército filisteo. Me impresionó lo que le dijo a su paje de armas. No dijo que tenía una palabra de Dios y que sabía que iban a ganar la batalla. Jonatán simplemente le dijo: "Ven, pasemos a la guarnición de estos incircuncisos; *quizá haga algo Jehová por nosotros*" (1 Samuel 14:6, énfasis añadido). ¿Quizá el Señor los ayude? ¿Y si no lo hacía, qué hubiera pasado? No parece una proposición libre de riesgo.

Jonatán tenía fe en que Dios estaba con Él. Pensó que podía pelear con él contra esos enemigos de Israel. Sin embargo, no estaba seguro de lo que sucedería en esa confrontación. Así que dijo: "quizá…" Jonatán y su paje de armas arriesgaron sus vidas en fe con solo un quizá.

Cuando se mostraron ante la guarnición de los filisteos, comenzaron a pelear contra unos pocos a campo abierto, y mataron a unos veinte hombres. El Señor estaba con Jonatán e hizo que todo el ejército filisteo entrara en pánico, en gran confusión. Los filisteos comenzaron a matarse entre ellos y a huir ante estos dos guerreros que se habían atrevido a confiar en Dios con un quizá.

La trampa de esperar por lo seguro

Recuerde siempre que la audacia no es la falta de miedo; es el dominio del miedo. Usted debe dominar el miedo a la inseguridad. El rey Salomón, el hombre más sabio que vivió jamás, dijo: "El que al viento observa, no sembrará; y el que mira a las nubes, no segará" (Eclesiastés 11:4).

> Recuerde siempre que la audacia no es la falta de miedo; es el dominio del miedo.

Salomón estaba diciendo que algunas veces usted tiene que arriesgarse, aunque le parezca que tiene el clima en contra. De otra manera nunca hará nada que valga la pena. Es mejor sembrar y recoger la cosecha a pesar de los vientos contrarios y otras incertidumbres.

Si usted es como yo, querrá esperar y no correr riesgos hasta que las condiciones sean perfectas y esté absolutamente seguro de que tendrá la victoria. Querrá saber qué van a hacer las nubes y el efecto del viento sobre su esfuerzo.

No siempre tengo un sermón del que estoy absolutamente seguro de que sea la palabra del Señor para ese momento cuando subo al púlpito a predicar. A veces estoy inseguro sobre lo que el Señor quiere que predique. Muchas veces cuando hube predicado el mensaje inseguro que había preparado, el Señor obró poderosamente en los corazones y en las vidas de los creyentes y no creyentes por igual.

Sería maravilloso que Dios le enviara un mensaje de texto desde el cielo o que un ángel lo golpeara en la cabeza para darle dirección divina. Más a menudo, Dios nos habla con una voz suave y apacible o por una impresión que se recibe al orar o leer la Palabra. Puede darle una idea cuando usted oye predicar a alguien o cuando lee el periódico. La idea o la impresión comienza a crecer adentro, y usted se pregunta si puede ser Dios: quizá Él quiera que usted haga eso.

Nos gustan los finales garantizados. Estamos cómodos con lo seguro, el trato completo, sin riesgo de fracasos o pérdidas. Pero la verdad es que con mucha mayor frecuencia vamos a enfrentar un quizá que garantías. Esos tiempos de incertidumbre son los que tratan con nuestra determinación, demuestran nuestra fe, y ponen a prueba nuestra valentía.

> La fe en el quizá de Dios es algo seguro. Dios puede convertir su quizá en un milagro.

Su fe y su coraje serán fortalecidos más fácilmente si usted explora el quizá mientras medita en su Palabra y se rinde al señorío de Cristo. Tal vez no se sienta cómodo con ese nivel de dependencia de

Dios. Su mente y su deseo carnal necesitan entender claramente lo que es seguro. Pero la fe en el quizá de Dios es algo seguro. Dios puede convertir su quizá en un milagro.

No hablo de ser presuntuoso o de presionar por sus propios deseos personales. A veces cuando queremos que algo suceda, suponemos que Dios también lo quiere. Cuando usted siente que Dios le está diciendo algo, especialmente si tiene que ver con una decisión importante, busque el consejo de su pastor o de líderes espirituales.

Nunca tomo una decisión importante sin permitir que dos o tres líderes espirituales la confirmen. Buscar un consejo piadoso es un principio bíblico. Les pido que oren por el asunto y que vean si Dios les dice algo diferente.

Después de buscar el consejo, pregúntese: "¿Es correcta mi motivación? ¿Quiero hacer solo la voluntad de Dios?" Entonces podrá decir con seguridad: "Quizá el Señor esté conmigo".

He visto a Dios hacer milagros por mí muchas veces cuando estuve dispuesto a buscarlo y a moverme en fe con un quizá. Mi motivación era correcta; estaba orando y estudiando y esperando en Dios. Busqué el consejo y luego me moví en fe contra todas las probabilidades. Y Dios transformó mi quizá en un milagro.

El secreto de acceder a lo sobrenatural es que usted tenga el coraje de hacer primero lo natural. Jonatán sabía que él no estaba en igualdad de condiciones con el ejército filisteo, pero lo enfrentó valientemente porque quizá el Señor estaría con él. Sin su acción, Dios no hubiera podido cambiar su quizá en un milagro.

¿Cuáles son sus opciones?

Considere sus opciones. Si está en una prueba financiera, ¿cederá ante el miedo y permitirá que gane el fracaso? ¿Permitirá que su sueño de comenzar un nuevo negocio muera dentro de usted por el riesgo que implica? ¿Esa relación potencial lo asusta demasiado como para continuarla? ¿Transigirá respecto a sus convicciones piadosas para agradar a sus hijos?

No espere garantías. No se quede sentado sin hacer nada porque sus acciones puedan acarrear un riesgo. No tema a las circunstancias naturales, los obstáculos o las situaciones aterradoras. Tome el quizá que ha recibido, y comience a actuar en consecuencia. Comenzará a ver que la mano de Dios convierte aquello en un milagro si usted rehúsa rendirse ante el miedo.

Si está dispuesto a confrontar el miedo al fracaso que le ha impedido que cumpla su destino divino, lo aliento a que haga esta oración conmigo:

> *Querido Señor Jesús, ayúdame a definir el fracaso y la victoria como tú lo haces, no como lo hace el mundo. Permíteme perseguir la victoria que tú has preparado para mi bien, para el bien de los demás, para tu bien y para el bien del enemigo. Permíteme tener la fortaleza de salir con el quizá que me diste y seguir al león que amenaza mi sueño. Ayúdame a no transigir ni en mis más mínimas convicciones. Gracias por librarme del miedo al fracaso. Permíteme crecer en fe y beneficiarme de los momentos en que fallo. Y permíteme experimentar tu milagro en mi situación de quizá. Amén.*

3

NO TEMER A LA GENTE

D IOS LLAMÓ A Jeremías cuando era un joven para que fuera un profeta. Él protestó que era niño y no sabía hablar. Entonces Dios le dijo que debería ir adonde Él lo enviara y decir todo lo que le mandara. Y Dios también dijo: "No temas delante de ellos, porque contigo estoy para librarte" (Jeremías 1:8). Se enfocó en el miedo que Jeremías le tenía a la gente y le prometió que lo libraría.

Me pregunto cuántas relaciones potenciales se han frustrado por temor a la gente. Este miedo aprendido causa uno de los mayores detrimentos a la edificación de matrimonios, amistades y relaciones sólidas. Compartí con usted lo tímido que era en mi juventud. Si Dios no me hubiese ayudado a superar mi miedo, no hubiera disfrutado el maravilloso matrimonio que tengo ni muchas otras relaciones fundamentales que han impactado mi vida.

Si las relaciones de cualquier tipo provocan ansiedad en su corazón, le tengo buenas noticias: Jesús quiere hacerlo libre para que experimente relaciones significativas. En su amor no hay rechazo, solo aceptación total. No hay condenación, solo perdón y misericordia.

Jesús quería que las personas conocieran el amor de Dios, así que les enseñó el gran valor que tenía para Él la vida de cada individuo. Como siempre, comenzó su enseñanza preguntándoles por algo que les resultaba familiar: gorriones asados.

En aquellos días los vendedores comerciaban en el mercado colocando pequeños puestos en las calles. Algunos vendían gorriones en un palillo; los habían asado al fuego. (No había McDonald's en ese tiempo, tenían McGorrion's.)

Jesús dijo que se podían comprar dos de esos pajarillos asados por un cuarto. Pero en algunos lugares, de acuerdo con Jesús, se podía conseguir cinco pajarillos por dos cuartos. Obviamente, algunos vendedores daban el quinto parajillo gratis.

Las matemáticas de tercer grado nos dicen que si dos pajarillos se venden por una moneda de un cuarto, usted podrá comprar cuatro pajarillos por dos monedas de un cuarto. Pero Jesús sabía que se podían comprar cinco pajarillos por dos de esas pequeñas monedas. Eso significaba que el quinto pajarillo no valía nada. No tenía ningún valor para el vendedor. El quinto pajarillo podría ser catalogado como raro. Es similar a decir que alguien "sobra".

Luego Jesús le dijo a la gente que ningún gorrión cae a tierra sin que el Padre se entere. Eso incluiría también al quinto pajarillo carente de valor. Y Jesús dijo: "No temáis, pues; más valéis vosotros que muchos pajarillos" (Lucas 12:7).

Cuando usted se siente "menos que"

Jesús quería convencerlos de que no tenían nada de qué temer; estaban seguros en el amor de Dios. Y dice lo mismo hoy. ¿Alguna vez se ha sentido tan carente de valor como ese quinto pajarillo? En los tiempos difíciles la vida puede decirle que usted no es nadie, que no va a ninguna parte. Pero Jesús quiere que nadie se sienta como el quinto pajarillo. Usted vale mucho para Dios.

Independientemente de cómo lo haya tratado la vida para hacerlo sentir menos, Dios le sigue diciendo que usted es importante para Él. Ve gran valor en usted. Si puede creerlo, tendrá el poder para superar su miedo al rechazo. Cuando usted entienda lo valioso que es para Dios, no tendrá miedo a lo que los demás piensen de usted.

Jesús nos insta una y otra vez en las Escrituras a que observemos las aves del cielo. Quiere que aprendamos de las aves valiosas lecciones espirituales. Pero no de cualquier ave. Él menciona específicamente a los pajarillos. Se concentra en esos pequeños gorriones que aún hoy son considerados comunes e insignificantes entre todas las aves.

No dice que observemos los aires del pavo real. Aprendí hace mucho tiempo que el pavoneo de un pavo real de hoy puede convertirse en el plumero de mañana. Usted debe tener cuidado cuando comienza a pavonearse con orgullo por una bendición de Dios.

Nunca olvide de dónde vino. Recuerde cómo era su vida antes de conocer a Cristo. Y manténgase humilde ante el Señor agradeciéndole lo que le ha dado. El Señor valora su humildad y aborrece su orgullo.

Jesús no mencionó específicamente al precioso cardenal, a la bulliciosa urraca o a cualquier ave exótica que nos parezca más valiosa. Nos pide que pensemos en los pajarillos comunes. Le dijo a la gente que ese pequeño gorrión le importaba a Dios. Y también les dijo que ellos valían mucho más que muchos pajarillos.

Dios le dice esto también a usted. ¿Sabe lo valioso que es usted para Dios? Él lo creó a su imagen. Su propósito era que usted viviera en perfecta comunión con Él, no solo en esta vida, sino para siempre. Y mediante la muerte de Cristo en el Calvario, lo compró para sí mismo para disfrutar esa comunión.

No existen los quintos pajarillos en la mente de Dios. En realidad, Él está consciente de cada uno de esos pequeños pajarillos que caen a tierra. ¿Cuánto más consciente puede estar de usted? Dios dice que aunque las personas no se den cuenta del valor que usted tiene, Él sí lo sabe. Usted es realmente valioso para Él.

¿Captó lo que dijo Jesús sobre los pajarillos que caen a tierra? Dios va a su funeral. Jamás he estado en el funeral de un pajarillo, pero Él nunca se ha perdido uno. El corazón tan amoroso de Dios se preocupa hasta por un pajarillo que cae a tierra.

Él sabe qué es lo que lo hace sentir sin valor. Cuando usted se pregunta si vale algo o si su vida sirve para algo, cuando está cayendo a tierra en una silenciosa desesperación por la futilidad, Dios está allí. Quizá usted crea que nadie sabe siquiera de su existencia. Pero si Dios va al funeral de un pajarillo caído, también sabe y se preocupa por usted, aunque se haya equivocado.

Dios se especializa en restaurar a los "caídos". El mensaje de Jesús sobre los pajarillos es para usted si una vez remontó vuelo pero le pasó algo y cayó. O si alguien destrozó su autoestima y lo hizo sentir rechazado. Se convirtió en miedoso y comenzó a sentirse como el quinto pajarillo o la quinta rueda, como si no encajara; como si fuera un bicho raro sin mérito ni valor alguno.

Dios quiere que usted sepa que si Él se preocupa por un pajarillo que cae, con seguridad se preocupará por usted cuando se equivoca y cae. ¡Usted tiene mucho valor en la ecuación de amor y gracia de Dios! En resumen, para Dios no hay quintos pajarillos: cada persona tiene un enorme valor en la perspectiva de Dios. Usted puede contar con Él. Usted es alguien para Él. Y aunque la gente deje de valorarlo, Dios jamás se dará por vencido con usted.

La autoexaltación lleva al orgullo, que Dios odia. Pero el menosprecio conduce a la parálisis. Crea una atmósfera terrible en la cual lo que prevalece es el miedo. Ninguna de estas actitudes le agrada a Dios. El diablo ha hecho sentir a muchísima gente que no vale nada: que solo es un tremendo fracaso, y que sus vidas son un enorme error tras otro.

Si usted le cree esa mentira, permite que la vida lo retrate en la situación del quinto pajarillo que no tiene valor alguno, que no encaja. Otras personas sí valen; tienen éxito. Pero lo que ha pasado en su vida lo hace sentir como si fuese menos que otra gente.

> La autoexaltación lleva al orgullo, que Dios odia. Pero el menosprecio conduce a la parálisis. Crea una atmósfera terrible en la cual lo que prevalece es el miedo. Ninguna de estas actitudes le agrada a Dios.

Usted debe saber que Jesús mostró cuánto vale para Él cuando se dejó colgar en una cruz en el Calvario. Él lo ama tanto a usted personalmente, que estuvo dispuesto a dar su vida para que usted pudiera ser libre y se convirtiera en la persona que Él planeó. Y le dijo que no tuviera miedo de que Dios dejara de amarlo por haberle fallado tanto.

No importa cuántas veces lo haya intentado y fracasado. El mensaje de Dios para usted es que lo sigue amando. Ni el más mínimo detalle de su vida escapa a la mirada de Dios. Usted sigue teniendo valor para Él. Dios conoce su potencial. Y tiene un plan y un propósito para su vida. Su amor por usted es especial. Es como si Dios tuviera una foto de usted en su refrigerador.

CUANDO USTED SE SIENTE
COMO UN MARGINADO

Creo que en algún momento todos enfrentan sentirse un bicho raro, alguien que está solo, sin la aprobación de otros. Quizás usted esté en una etapa en que siente que no es especial ni valioso para los otros miembros de su familia o amigos, o incluso para sus hermanos y hermanas en Cristo. En la Biblia hay personas que fueron consideradas bichos raros por otros. La Biblia nos dice lo que Dios piensa de ellos.

David era un bicho raro. Lo trataban como el quinto pajarillo de la familia. ¿Se acuerda cuando Samuel fue enviado a la casa de Isaí, el padre de David, para ungir al próximo rey de Israel? Hicieron un gran banquete, y luego llegó el momento de ungir a uno de los siete hijos que estaban presentes. Samuel miró a cada uno y admiró su apariencia física.

Su padre recomendaba a cada uno cuando pasaba ante Samuel. "Este muchacho es bien parecido. Este tiene verdadero talento. Este es muy inteligente. ¡Creo que este sería un rey excelente!"

Pero Dios le dijo a Samuel que había desechado a todos esos hijos. Le dijo que Dios no mira lo que mira el hombre; pues el hombre mira lo que está delante de sus ojos, pero Dios mira el corazón (1 Samuel 16:7). Así que Samuel le preguntó a Isaí si tenía más hijos.

Isaí le respondió que su hijo menor estaba en el campo apacentando las ovejas. Su papá no lo había invitado al banquete. Era apenas el hijo menor, y no valía mucho para su familia. Su padre ni siquiera había considerado presentárselo al profeta. Era como el quinto pajarillo, sin valor alguno entre sus pares.

He aprendido algo acerca de Dios. Él suele pasar por alto los peces gordos y escoge a los últimos de la fila. A Dios le encanta elegir personas que otros dejarían pasar, rechazarían y menospreciarían. Predicen: "Él o ella nunca llegarán a nada".

Pero si permite que Dios ponga su mano sobre usted, lo elegirá antes que a los peces gordos. Él mira su corazón y dice: "Puedo usarlo a él. Puedo usarla a ella". Si usted se humilla bajo la poderosa mano de Dios, Él lo exaltará a su debido tiempo

(1 Pedro 5:6). ¡No permita que alguien le diga que es un quinto pajarillo!

CUANDO USTED ENFRENTA LA SOLEDAD Y EL AISLAMIENTO

El salmista expresó sentimientos de soledad y abatimiento cuando dijo: "Soy semejante al pelícano del desierto; soy como el búho de las soledades; velo, y soy como el pájaro solitario sobre el tejado". Se sentía como un bicho raro, solo.

Hasta Jesús supo lo que significa estar solo, sin alguien que lo entienda. Sus discípulos no lo entendían. Se preocupaban por saber cuál de ellos sería el mayor. Ni siquiera pudieron orar con Él en sus momentos más difíciles. Y en la cruz Él clamó:

> Hasta Jesús supo lo que significa estar solo, sin alguien que lo entienda. Sus discípulos no lo entendían.

"Dios mío, Dios mío, ¿por qué me has desamparado?" (Mateo 27:46).

La soledad puede dañar su sentido del valor. Algunos de ustedes—debido al rechazo de un amigo, un divorcio, la muerte de un ser querido o por otras circunstancias dolorosas—están atravesando un tiempo en el que se sienten como un bicho raro. No tienen a alguien que comprenda realmente lo que están atravesando. La vida les ha dado un golpe tal que los ha hecho sentir inferiores.

Recuerdo una vez que mi esposa y yo viajamos en un crucero y nos dimos cuenta de que había dos personas sentadas solas durante todo el viaje. Comían solos. Y nuestros corazones fueron tocados por su soledad. Pero también sé que en ocasiones uno puede estar en medio de una multitud y sentir soledad.

Todo el mundo enfrenta tiempos de soledad y de aislamiento. La buena noticia es que aunque sus relaciones terrenales estén en problemas, el Señor quiere que sepa que Él nunca lo desamparará ni lo dejará (Hebreos 13:5). Él siempre estará disponible para usted. Jamás lo abandonará. No debe temer quedarse solo. Él le mostrará la salida para su dolor y su soledad.

Entiendo el miedo que se apodera de la gente que se pregunta si alguna vez encontrará a la persona correcta para casarse. Creo que cada persona que desea casarse puede confiar en Dios, ya que su pareja perfecta vive y respira en algún lugar del planeta. Dios tiene el servicio de citas más grande del mundo. Es mejor que "Encuentre-una-pareja.com". Si primero busca a Dios y decide servirlo con todo su corazón, Él moverá cielo y tierra para que usted se cruce con esa persona especial.

Sea usted viudo, divorciado o soltero que nunca se haya casado, no se ponga ansioso. Dios estará al control de su vida amorosa si usted le somete toda su vida a Él. Sus pasos están ordenados por el Señor. Es fascinante observar cómo se despliega el futuro cuando usted deposita su confianza en la bondad de Dios y en el plan que Él tiene para su vida. Dios tiene oportunidades que usted jamás soñó que fueran posibles.

La historia de mi madre

Mi papá tuvo un ataque al corazón y murió repentinamente a los cincuenta y seis años. Mi madre era una viuda joven, que quedó sola con mi hermana Jill, de dieciséis años. La pequeña herencia que dejó papá solo duró un par de años. Luego ellas comenzaron a pasar necesidades financieras. Lo único que mi madre conocía era la vida de ama de casa y esposa de un pastor.

Ella no es la clase de persona que hablaría con alguien para contarle su situación, ni siquiera con mis hermanos y hermanas o conmigo. En lugar de ello, se decidió a buscar al Señor en ayuno y oración.

Se comprometió a orar y ayunar tres días, como había hecho en la antigüedad la reina Ester.

Mamá no tenía idea de qué iba a hacer para superar esos tiempos difíciles. Un día, durante su ayuno, oró: "Señor, si tú diriges mis pasos, iré a donde sea y haré lo que me digas que haga. Trabajaré en una labor secular y testificaré de ti con mi estilo de vida. Aceptaré un puesto en la iglesia o en el ministerio. Mientras tú me estés dirigiendo, haré lo que quieras que haga".

Cuando terminó de orar, se recostó a descansar. Ni cinco minutos después, sonó el teléfono. Cuando respondió, oyó la voz de mi esposa, Cherise. Mi esposa no la saludó de la manera habitual, con un "hola", o con charla trivial. Fue directo al punto y le dijo: "Bien, sería bueno que empacaras tus cosas porque vendrás con nosotros. Aquí está Jentezen".

Por supuesto, yo no tenía ni idea de que mi madre había estado orando para pedir dirección para su vida; todo lo que sabía era que necesitaba ayuda. Tomé el teléfono y le dije: "Mamá, te he estado pidiendo desde hace dos años que vengas y me ayudes. La iglesia está creciendo con tanta rapidez que no tengo tiempo para orar y estudiar como debiera, solo trato de mantenerme al día con todo. Necesito que me ayudes con las visitas al hospital y a amar a la gente. Necesito que hagas por mí lo que hacías por el ministerio de Papi. Si no vienes, voy a contratar a otra persona, así que necesito que me digas ahora si vas a venir".

Mi madre comenzó a darme todo tipo de excusas. Su vida siempre había girado en torno al ministerio de mi padre, y todavía le costaba tomar decisiones. Jamás había tenido que tomar sola una decisión tan importante como esta. Mientras ella me seguía dando excusas, el Señor le recordó lo que acababa de orar minutos antes: "Haré lo que tú quieras que haga".

Mamá finalmente dijo que sí y el 2 de septiembre de 1993 se mudó a Gainesville, Georgia, para convertirse en parte de mi personal en Free Chapel. Ahora, años más tarde, mamá es uno de los miembros más amados y activos del equipo. Ella, junto con sus fieles voluntarios, visita asilos de ancianos todas las semanas. Llevan a esas preciosas personas un mensaje de esperanza y alegran su día con música.

Mamá también dirige nuestro ministerio de cuidado al convaleciente, que ofrece maravillosas comidas caseras para confortar a familias que han perdido a seres queridos.

Cuando nuestros miembros tienen una necesidad

importante y llaman a la iglesia para pedir oración, no preguntan por mí; preguntan por mi mamá. Ella es absolutamente vital para el ministerio, y toda nuestra congregación la valora inmensamente. Ella se atrevió a dejar su hogar y todo lo que le era familiar para convertirse en parte del ministerio de Free Chapel. Su amorosa entrega de obediencia al Señor le abrió una gran oportunidad para un ministerio que brinda vida.

Dios conoce su soledad, así como conocía la de mi madre. Él sabe que usted puede ser extremadamente útil y fructífero en su reino si se decide a superar su miedo y a buscarlo a Él y sus oportunidades divinas.

Jesús va en busca de los solitarios

Era común que Jesús fuera en busca de personas solitarias en medio de la multitud. Él llamó individualmente a sus discípulos para que lo siguieran. Y tuvo una cita con una mujer samaritana solitaria que fue al pozo a buscar agua. Le ofreció agua de vida que cambió su vida. Ofreció al hombre del estanque de Betesda la cura que no hubiera podido recibir de ninguna otra forma, porque no tenía a nadie que lo ayudara a meterse en el agua.

Después de su resurrección, Jesús no fue a Roma ni a Atenas ni a ninguna otra metrópolis. No hay registros de que haya visitado multitudes. Se reveló a sí mismo a una mujer solitaria, golpeada por el dolor, fuera de la tumba. Cuando la llamó por su nombre, "María", ella reconoció su voz. Caminó con dos hombres afligidos por el camino a Emaús, y lo reconocieron cuando partió el pan con ellos. Y se apareció a sus discípulos que por el miedo estaban escondidos detrás de puertas cerradas.

Jesús siempre estaba buscando a los indigentes, a los solitarios, a los bichos raros. Si es así como usted se siente, puede esperar tener una audiencia especial con el Señor. Él quiere pasar tiempo con usted y decirle que no debe temer la soledad.

No está solo cuando Cristo está con usted. Él no lo considera un quinto pajarillo. Él ve cuando usted cae. ¿Por qué? Porque Él se preocupa por cada detalle de su vida.

> Jesús siempre estaba buscando a los indigentes, a los solitarios, a los bichos raros. Si es así como usted se siente, puede esperar tener una audiencia especial con el Señor.

Dios tiene un plan para su vida, y quiere que camine con Él para cumplirlo juntos. Su promesa para usted es esta: "Porque yo sé los pensamientos que tengo acerca de vosotros, dice Jehová, pensamientos de paz, y no de mal, para daros el fin que esperáis" (Jeremías 29:11).

No importa cuán estrepitoso haya sido su fracaso, Él tiene para su vida un plan lleno de esperanza y no de desesperación. Lo desafío a que declare: "Dios solo piensa cosas buenas sobre mí y planea buenas cosas para mí". Es verdad, porque Él lo ama con amor eterno: un amor que hizo que entregara su vida por usted. Él nunca rechazará su amor ni lo dejará solo. En esa realidad usted puede tener la esperanza de superar sus miedos. El salmista declaró que los pensamientos de Dios por él son preciosos y que son tantos que no se pueden enumerar (Salmos 139:17-18).

Usted tiene un hogar en Dios, en su corazón y en sus pensamientos. Hay un lugar para que hasta el pajarillo insignificante more en la presencia de Dios. El salmista dijo que el gorrión había hallado un nido para sí donde poner sus polluelos cerca de los altares de Dios (Salmos 84:3).

Dios permitió que el pajarillo más insignificante morara en su presencia. Le resultó seguro hacer su nido y cuidar a sus polluelos en los altares de adoración, en el tabernáculo santo. Ese es un precioso cuadro de su lugar seguro en la presencia de

Dios. Cuando usted se incline en adoración, Él lo levantará y lo hará sentir valioso y seguro. Él lo liberará del temor al rechazo y la soledad.

Usted no puede esconderse *de* Dios, pero sí puede esconderse *en* Dios. Puede anidar en su seguridad y en su protección, bendición y presencia. Nunca se sentirá solo ni temeroso en su presencia. No importa lo que la vida arroje en su camino, no tiene que sentirse menos. Usted es importante para Dios. Su amor siempre estará disponible para usted, incluso en los tiempos de problemas y pérdidas.

CUANDO TODO EL MUNDO SE VUELVE CONTRA USTED

Pensé en Job, que fue uno de los hombres más ricos de su tiempo. La Biblia dice que él temía a Dios y odiaba el mal. Pero un día su vida cayó hasta lo más profundo. Perdió sus riquezas, su salud y fue traicionado por su esposa. Ella le dijo que maldijera a Dios y se muriera. Luego, cuatro de sus amigos llegaron y se sentaron a su alrededor mientras él estaba sobre un montón de cenizas.

Durante siete días se sentaron allí, sin decir una palabra, solo mirándolo en forma acusadora. Él se sentó allí, el quinto pajarillo en medio de esos cuatro amigos. Estaban allí para decirle cómo le había fallado a Dios. Querían que confesara el pecado que había causado toda esa calamidad. Lo acusaban de haber echado todo a perder. Sus largos discursos le enumeraban todas las razones por las que ellos creían que él no era el hombre justo que decía ser.

¿Qué hizo Job? Tuvo que decidir cómo enfrentar la adversidad. No podía negar las malas noticias. Todo cuanto valoraba en la vida se había perdido. Pero resolvió algo en su corazón. No acusaría a Dios ni sentiría lástima de sí mismo. Simplemente declaró: "Jehová dio, y Jehová quitó; sea el nombre de Jehová bendito" (Job 1:21). Él sabía que lo más importante en la vida era la presencia del Señor. Job eligió bendecir el nombre del Señor en su dolorosa soledad.

Cuando su esposa le dijo que maldijera a Dios y se muriera, Job le respondió: "No, gracias. Voy a bendecir el nombre del Señor ¡y voy a vivir! ¡Todavía tengo su presencia! No entiendo por qué está sucediendo todo esto, pero sé que Él está conmigo". Y la Biblia dice que Dios restauró a Job el doble de lo que había tenido al principio.

¿Qué ha perdido usted? ¿Está tentado a culpar a Dios por su dolorosa situación? Lo aliento a hacer lo que hizo Job y bendecir el nombre del Señor. Él está con usted en su dolor, y otra vez puede transformar su lamento en baile. Quiere darle un lugar seguro para que usted viva continuamente en su presencia. Usted no está solo. No debe temer a la adversidad.

¿AMO O MASCOTA?

Fue evidente para todos que Dios era el verdadero amo de la vida de Job. En la adversidad más cruel, Job lo honró como su Dios. Escogió bendecir el nombre del Señor. Esa es la clave para superar el miedo.

Dios toma lo que el mundo llama sin valor y revela el gran valor que ha colocado en usted. Pero Él demanda ser el Amo y Señor de su vida. Ese es su legítimo lugar. Muchas personas quieren que Dios tome sus pecados y su culpa y los deje disfrutar su libertad. Pero luego lo tratan como si fuera su mascota y no su Amo.

¿Sabe lo que es una mascota? Es como el *bulldog* de la Universidad de Georgia. En la mitad del juego de fútbol americano, sacan al *bulldog* de su caseta y corre por todo el campo de juego. Todos gritan y bailan por su mascota. Luego lo ponen de nuevo en su caseta hasta el próximo juego.

Eso es lo que muchos cristianos hacen con Jesús. Van a la iglesia un día por semana y se entusiasman en la presencia del Señor. Después viven el resto de la semana sin pensar en Él. Y Jesús dice: "No me hablas. No me escuchas. No lees mi Palabra. Quiero ser el Amo el lunes, martes, miércoles, jueves, viernes y sábado. No soy una mascota que aplaudes los domingos. Soy tu Amo. Y si me entregas tu vida, ¡haré algo con ella!".

El diablo quiere que usted se sienta como el quinto pajarillo: sin valor, raro e insignificante. Dios quiere hacer que su vida tenga significado. Quiere desarrollar todo el potencial que colocó dentro de usted para lograr sus propósitos sobre la tierra. Usted no se sentirá insignificante si hace de Dios el Señor y el Amo de su vida.

CUANDO USTED TIENE VERGÜENZA

Me encanta esta historia verdadera sobre una persona rara que llegó a conocer a Dios como su Amo. Un profesor de seminario y su familia estaban de vacaciones en las colinas de Tennessee. Se detuvieron en un pequeño pueblo al este de Tennessee para comer en una pequeña cafetería. Se sentaron y pidieron la comida.

Mientras los servían, notaron a un anciano que iba de mesa en mesa y hablaba con los clientes. El profesor se avergonzó ante el pensamiento de que ese hombre se acercara a su mesa. Deseaba que los dejara tranquilos. Pero antes de lo que hubieran querido, el anciano se les acercó.

"¿Cómo están?", preguntó. Luego, sin esperar una respuesta: "¿No son de aquí, cierto?"

"No".

"Bueno, ¿de dónde son, y qué hacen?".

"Somos de Oklahoma, y yo soy profesor del seminario".

"Oh, ¿de verdad? Así que usted enseña a los predicadores cómo predicar, ¿cierto? Sabe, una vez conocí a un pastor que impactó mi vida de tal manera que me cambió para siempre". El viejo estaba ganando interés con su relato.

"¿A qué se refiere?", preguntó el profesor, tratando de ser educado, mientras tomaba otro bocado de su comida.

"Bueno, he crecido en estas partes del este de Tennessee toda mi vida. Esta es una comunidad muy pequeña. Todos conocen a todos y lo que cada uno hace. Así que todos saben que jamás supe quién fue mi padre. Fui ilegítimo. A cada lugar a donde iba, parecía que todos se burlaban de mí con la pregunta: '¿Quién es tu papá?'".

Él continuó, pensativo: "Toda mi vida me sentí menos que los otros, sabe. Me sentía raro. Cuando jugaba a la pelota, los papás de todos los demás niños estaban allí. Lo único que yo tuve era a mi madre y mi abuela. Y en cierta manera sentía vergüenza. En público, me sentaba en una esquina. Me aislé de los demás. Me sentía inferior porque no tenía un padre".

Los ojos del anciano brillaban mientras decía: "Entonces, un día, mi abuela me empezó a llevar a la iglesia. Nunca lo voy a olvidar. Comencé a escuchar lo que el predicador decía. Y un domingo, cuando nos íbamos, el predicador estaba en la puerta dándole la mano a la gente. Cuando pasamos, él me dio la mano. Luego se inclinó y me susurró algo al oído".

Ahora, el anciano se secaba las lágrimas, sin vergüenza, antes de seguir con su historia. "Él susurró a mi oído: 'Hijo, sé quién es tu padre. Tu padre es Dios. Y Él es el mejor padre que una persona puede tener. No permitas que nadie te diga lo contrario'".

Luego el hombre miró al profesor directamente a los ojos y dijo: "No puedo explicarlo, pero algo hizo clic adentro de mí ese día. Se encendió una luz. Comencé a ver a Dios como mi propio Padre. ¿Y sabe qué? Dios ha sido muy bueno conmigo".

Con eso, el viejo dejó su mesa y salió de la cafetería. Cuando el profesor y su familia terminaron de comer, él se acercó a la caja y preguntó: "¿Conoce usted a ese anciano que estaba hablando con los de aquí?"

"Sí".

"Bueno, ¿Quién es él? ¿Y qué le pasa?", interrogó el profesor, tratando de ocultar su sarcasmo.

"¿No lo sabe?", preguntó el hombre de detrás de la caja, con incredulidad. "Porque él es Ben Hooper. Fue gobernador de Tennessee por dos períodos [1910–1914)]. E hizo más cosas buenas por la comunidad y por todo el estado que ninguna otra persona que conozco. ¡Es un hombre maravilloso!".[1]

Eso es lo que pasa cuando usted se da cuenta de que no es el quinto pajarillo. No tiene que vivir con vergüenza por lo que su madre o su padre hayan hecho, o por lo que usted haya hecho. Alguien tuvo que decirle a Ben Hooper que tenía mucho valor para Dios, que Dios era su Padre celestial. Ben necesitaba saber eso porque se burlaban de él por ser hijo ilegítimo; eso no significaba que no valiera nada. En realidad, la Biblia dice que Dios es "Padre de huérfanos" (Salmos 68:5).

El salmista dijo: "Aunque mi padre y mi madre me dejaran, con todo, Jehová me recogerá" (Salmos 27:10). Si Dios permitió que usted esté separado de su padre biológico, quizás sabía que de otra manera no se hubiera conectado con su plan. Si usted hace de Cristo el Amo de su vida, podrá conocer el mismo tipo de cuidado amoroso que descubrió Ben Hooper.

El pastor de Ben Hooper sabía ese día que estaba hablando con un muchachito dolido que necesitaba saber quién era su padre. Necesitaba saber que Dios era el mejor Padre que alguien pudiera tener. Dios le mostró a Ben Hooper cuánto lo amaba, cuán valioso y especial era. No era el quinto pajarillo. Tenía gran valor para su Padre. Y, a cambio, pudo bendecir miles de vidas convirtiéndose en todo lo que Dios había planeado para él.

Usted no debe temerle a la soledad, porque nunca estará solo. No debe temer a las relaciones, porque

Dios nos da gracia para amar a los otros y perdonarlos. Él le enseña cómo mostrar misericordia y disfrutar del amor y la comunión que le provee.

Algunos de ustedes se sienten como el quinto pajarillo en ese pincho que se vende por centavos. La vida lo puso allí y lo asó. Siente que su vida no vale nada. Esa es una mentira del enemigo. Dios no tiene quintos pajarillos en su economía. Él lo ama, y tiene un plan para su vida. Dios tiene para usted un lugar y un propósito que dará plenitud y satisfacción a su vida.

Usted solo tiene que responder a estas preguntas: "¿Es Él el Amo o la mascota? ¿Está sentado en el trono de su corazón?". Cuando resuelva ese asunto, comenzará a conocer su amor y será libre del miedo a la soledad, al rechazo y todos los demás miedos que tienen que ver con relacionarse con otros.

Jesús construyó toda una doctrina sobre la erradicación del miedo basada en el valor de un pajarillo (Lucas 12:7). Si usted quiere pedirle a Dios que lo libere de estos miedos, haga esta oración conmigo:

> *Querido Señor Jesús, vengo a hacerte el Amo de mi vida. Quiero rendirme a tu señorío y encontrar el propósito que tú tienes para mi vida. Quiebro en mi vida*

el miedo al rechazo y a la soledad, en el nombre de Jesús. Declaro que como hijo de Dios soy libre del miedo. Y te agradezco, Señor, por tu poder que obra en mi vida para darme un futuro y una esperanza. Gracias por las relaciones que tienes para mí. Tú me darás todo lo que necesito, familia y amigos. Confieso que no estaré solo, porque tú estarás conmigo. Y tu amor por mí me libra del miedo. Gracias, Jesús. Te amo.

4

NO TEMER A QUE FALTE
LO NECESARIO

RECESIÓN. EMBARGO. DESEMPLEO. Bancarrota.
Inflación. Fraude. Corrupción. Explosión del
déficit nacional. Abismos fiscales. Estas
palabras ligadas al temor describen la condición
económica de nuestro mundo que se está volviendo
cada vez más dependiente de una economía global.
Millones de personas no solo las están escuchando;
también están viviendo en uno o más de estos terribles escenarios financieros.

Es un hecho que nuestro mundo enfrenta continuamente difíciles tiempos de crisis financiera.
También es un hecho que usted no tiene que temer
respecto a sus finanzas. La Palabra de Dios sigue
siendo cierta. Dice: "Porque no nos ha dado Dios
espíritu de cobardía, sino de poder, de amor y de

dominio propio" (2 Timoteo 1:7). Usted no debe temer por su situación financiera, ya sea presente o futura. La fe en la Palabra de Dios en tiempos de crisis financiera conquistará todo temor.

Si el gobierno local y nacional, las instituciones financieras, la riqueza personal, o la productividad son su fuente de seguridad financiera, usted puede experimentar una terrible decepción. Sus niveles de temor pueden aumentar hasta el punto de causarle angustia física y mental grave. Ese es el momento de evaluar sus opciones. ¿Sabe lo que la Palabra de Dios enseña sobre su provisión financiera? ¿Qué promesas le da Dios para que usted venza el temor a la ruina financiera?

ATAQUE SU CARENCIA

A veces nos encontramos en dificultades financieras a causa de nuestras propias malas decisiones o errores. Otras veces hay situaciones que no generamos que hacen difícil nuestra vida. Hay momentos en que podemos sentirnos víctimas de las decisiones de otras personas, de una enfermedad o accidente inesperados, o de una crisis económica mundial que amenaza nuestro futuro financiero. El campo de juego no siempre es llano cuando se trata de nuestra seguridad financiera.

Los desastres golpean. La buena noticia es que Dios es el Señor en tiempos de desastre. Ya se deba a sus malas decisiones o a circunstancias que escapan a su control, cuando usted clame a Dios, Él resolverá su desastre financiero. Aun cuando sus dificultades financieras sean autoinfligidas, Dios tiene un plan para liberarlo. Usted no debe estar atormentado por el temor respecto de sus finanzas.

> Los desastres golpean. La buena noticia es que Dios es el Señor en tiempos de desastre.

Quiero mostrarle cómo atacar su carencia. Comencemos con su mentalidad respecto de las finanzas. Algunas personas tienen una mentalidad de pobreza. Es posible que hayan crecido pobres o por alguna razón esperen ser pobres toda la vida. Hablan todo el tiempo de su carencia financiera. Si usted tiene esta mentalidad, su primer ataque a la carencia financiera es cambiar su forma de pensar.

En el Antiguo Testamento hubo una viuda que quedó en la indigencia por circunstancias que escapaban a su control (2 Reyes 4:1). Su esposo había muerto y la había dejado con dos hijos y un montón de deudas. A causa de las deudas, el acreedor iba a llevarse a sus hijos para que fueran esclavos. Desesperada, envió a llamar al hombre de Dios, el profeta Eliseo, y le pidió ayuda.

Eliseo le preguntó qué tenía en la casa. Ella dijo que no tenía nada más que una vasija de aceite. Entonces él le dijo que pidiera prestadas muchas vasijas vacías a todos sus vecinos, tantas como pudiera. Ella tenía que cerrar la puerta y hacer que sus hijos la ayudaran a verter el aceite de esa pequeña vasija en todas las vasijas vacías.

Cuando ella obedeció la palabra del profeta, el aceite se multiplicó y fluyó hasta que se llenaron todas las vasijas. Entonces él le dijo que vendiera el aceite y pagara sus deudas. Y quedó suficiente para que su familia viviera con las ganancias de esa venta.

El campo de juego no era llano para esta viuda. Pero cuando ella clamó a Dios, Él se convirtió en el Señor de su desastre. Él tiene un plan para usted, si usted lo busca para que lo libre de su desastre financiero.

Estar cualificado para la abundancia de Dios

Dios le dijo a Abraham que lo iba a bendecir para que él pudiera ser una bendición para las naciones.

La prosperidad ha sido malentendida por muchos predicadores y maestros a lo largo de los años. No se trata de pedir que Dios lo bendiga a usted para su propio bien. La prosperidad divina siempre tiene un propósito que es mayor que usted; es la voluntad de Dios darle prosperidad para que usted a su vez se convierta en una bendición para otros.

¿Está nervioso o atemorizado por su situación financiera? Es necesario que se recuerde a sí mismo que Dios es su fuente de provisión financiera. Comience a declarar: "Dios es el que asegura mi éxito este año. Es Dios quien tiene el poder para satisfacer mis necesidades. ¡Es Dios quien tiene poder para darme más que suficiente para que pueda bendecir a otros en su nombre!".

Jesús contó treinta y ocho parábolas que tratan sobre la administración del dinero. En las enseñanzas de Jesús hay quinientos versículos sobre la oración y el ayuno, comparados con dos mil sobre el dinero y las posesiones. Es decir, dio cinco veces más enseñanza sobre el dinero que sobre la oración.

¿Por qué Jesús enseñó más sobre el dinero que sobre la oración? ¿Por qué el dinero es tan importante para Jesús? Porque Él sabe que si usted no domina el dinero, el dinero lo dominará a usted.

Ante todo, usted no está cualificado para tener la

abundancia de Dios hasta que llega a ser su hijo. A Dios le encanta proveer para sus hijos, mucho más de lo que les encanta a los padres terrenales proveer para los suyos. Usted tiene que decidir convertirse en hijo de Dios por la fe en su Hijo, Jesucristo. Entonces, todas las promesas de Dios se convierten en suyas. Tengo cinco hijos, y ellos pueden sacar comida de la heladera en cualquier momento. Pero si los niños del barrio vinieran a asaltar la heladera, yo tendría un problema con eso. Ellos tienen sus propios padres que son quienes deben proveerles.

Dios quiere ser su Padre, y quiere que sus hijos prosperen a la manera de Él. El salmista dijo que cuando usted se deleite en Dios, todo lo que haga prosperará (Salmos 1). Es necesario que usted comprenda el corazón generoso de Dios para que tenga abundancia. Él quiere cambiar su mentalidad de pobreza. Debe creer en sus promesas y confesar que es la voluntad de Dios que usted prospere. Su fe lo hará libre del temor al fracaso financiero.

En la historia del hijo pródigo, el padre es una representación de nuestro Padre celestial. Cuando el muchacho se arrepintió y regresó a casa, su padre les dijo a los siervos que mataran el becerro gordo, le dieran la mejor vestimenta, le dieran calzado, y pusieran un anillo en el dedo de su hijo. Ese es el corazón de nuestro Padre celestial para bendecir a sus hijos con lo mejor de Sí.

Una clave para vivir audazmente es la declaración del salmista de que él fue joven y ahora es anciano y no ha visto justo desamparado, ni su descendencia que mendigue pan (Salmos 37:25). Esa promesa divina es suya, para que usted y sus hijos disfruten la abundancia de Dios cuando vive como un hijo de Dios. Él ha prometido que, sin importar los años que tenga, cuidará de usted. Nunca será un mendigo o un indigente. Dios nunca lo abandonará cuando usted esté cualificado para tener su abundancia.

Cuando fui a la India, vi personas que morían de hambre en las calles. Las vacas se mezclaban con la gente. Se me hacía agua la boca pensando en todo el bistec que andaba por allí. Pero ellos no comían ni una de ellas, porque las vacas son consideradas dioses. Ellos adoran a los animales que Dios proveyó como alimento para su nutrición.

Más de la mitad de los cereales que se producen en la India es comido por las ratas.[1] No las matan, porque también son consideradas dioses. Como no sirven al Dios vivo, están condenados a la pobreza y a morir de inanición. ¡Cómo necesitan conocer la maravillosa noticia del evangelio que liberaría sus corazones cautivos!

Estoy muy contento de adorar al Dios vivo que quiere que yo prospere. Él nos dio todas las cosas para que las disfrutemos en Cristo. La diferencia entre vivir en prosperidad y vivir en pobreza es una elección. Las elecciones tienen consecuencias. Dios le dijo a Israel que Él ponía delante de ellos la muerte y la vida, la bendición y la maldición. Ellos tenían que escoger la vida o la muerte (Deuteronomio 30:19). No es por casualidad que usted es bendecido; es por elección.

Dar es una elección. Jesús dijo que si usted da, a usted se le dará de acuerdo con la manera en que da (Lucas 6:38). Jesús enseñó que si usted da, recibirá un "acuerdo de beneficio cuádruple": (1) buena medida, (2) apretada, (3) remecida, y (4) rebosando.

Los dadores ganan. Nada multiplicado por nada es nada. Dios multiplica la semilla que se siembra. La Biblia enseña que el que siembra escasamente, escasamente también segará (2 Corintios 9:6). Esa es una ley de la cosecha. Por el contrario, si usted siembra generosamente, generosamente también segará. Según la forma en que siembre, cosechará. Esta ley de la cosecha también se aplica a sus finanzas. Usted ganará en gran medida cuando dé en gran medida, pero tiene que estar cualificado para elegir ser un dador.

La diligencia es una elección. La Biblia dice que debemos trabajar seis días y descansar el séptimo. Hay dos tipos de personas que Dios no bendecirá: gente perezosa y gente tacaña. Usted no puede tener éxito sin trabajar mucho. La Palabra de Dios no enseña una mentalidad de subsidio que siente que los demás le deben algo. Enseña que una persona perezosa vivirá en necesidad y no tendrá nada, pero el alma de los diligentes será prosperada (Proverbios 13:4). Parece un poco obvio, pero lo diré de todos modos: el primer paso para luchar contra la pobreza es conseguir un trabajo y realizar su trabajo con diligencia, trabajando como para el Señor.

El pecado es una elección. El pecado trae pobreza, vidas mezquinas, adicciones y vidas destruidas. Vivir bajo la maldición financiera del pecado es una elección. Si opta por no dar, por no trabajar, por no ser responsable de la prosperidad que Dios quiere dar a sus hijos, usted traerá una maldición de pobreza a su vida.

La responsabilidad
de administrar

Dios quiere que usted entienda que el dinero viene con responsabilidad. Cuando Jesús enseñó la parábola de los talentos en Mateo 25, estaba enseñando sobre cómo manejar el dinero. Un talento era una suma de dinero, y Jesús contó la historia de un propietario que tenía muchas posesiones, las cuales dejó a cargo de sus siervos cuando salió en un largo viaje.

El propietario de la tierra, una imagen de Dios el Padre, dejó a sus siervos a cargo de sus bienes. Le dio cinco talentos a uno, dos talentos a otro y un talento al último, según su capacidad. Ellos eran responsables de la adecuada inversión de sus fondos hasta que él regresara.

Los dos primeros siervos utilizaron el dinero de manera sabia e incrementaron la inversión del propietario de la tierra. El tercero enterró su único talento, porque tenía temor. Cuando el propietario regresó, felicitó a los dos primeros siervos por el aumento de sus talentos. Cuando el tercero le devolvió el único talento al terrateniente, fue reprendido por no haberlo puesto al menos en un banco para ganar interés. El propietario lo llamó malo y negligente por su irresponsabilidad. Luego tomó el talento y se lo dio al que había utilizado sabiamente sus cinco talentos.

El dinero no les pertenecía a los siervos; pertenecía al propietario. Ellos eran responsables de invertirlo sabiamente. Usted debe tener la mentalidad de que Dios es el verdadero dueño de todo lo que Él le da. Usted es el administrador que tiene que usar sus dones responsablemente. Es en la casa de Dios que usted vive. Las ropas que usa son de Dios. Es el dinero de Dios el que usted gasta. Usted no es su dueño, sino que, como administrador, tiene derecho a usarlo y debe asumir la responsabilidad por la manera en que lo hace.

A medida que aprenda a practicar los principios de la Palabra de Dios respecto a diezmar y dar, la maldición de la carencia será rota en su vida. La promesa de prosperidad se basa en su obediencia a la Palabra de Dios. Cuando busca la voluntad de Dios y obedece sus mandamientos, usted camina en el destino divino y disfruta la prosperidad que Dios desea para usted.

Soltar para aumentar

Dios nunca quiso que sus hijos estuvieran permanentemente esclavizados por deudas. Puede estar en un lío financiero ahora, pero Dios tiene una salida para usted. Su esclavitud a la pérdida financiera, la depresión, el temor, las drogas y el alcohol no es un estado permanente. Él quiere soltar el incremento divino en cada área de su vida. Jesús vino a liberar a los cautivos.

Dios nos ha dado a sus hijos promesas de prosperidad y bendición desde el inicio de los tiempos. Le dijo a Abraham que haría de él una gran nación y le multiplicaría tanto sus bendiciones que sería una bendición para las naciones. El propósito de Dios para sus hijos es que sean bendecidos en toda manera.

Si usted está en un lío financiero, debe comprender que su presente no es su futuro. Su problema es temporal si camina con Dios, porque Él se propone bendecir a sus hijos. Dios no quiere que usted caiga en una mentalidad de pobreza y piense: "Nunca voy a salir de esto". Esa no es la voz de Dios. Su voz es siempre una voz de libertad y esperanza.

El apóstol Pablo escribió todo el libro de Gálatas para explicarnos nuestra herencia de las promesas de

Abraham por medio de Jesucristo. Como cristianos, estamos en la línea de bendición por la sangre de Cristo. Esas bendiciones incluyen la libertad financiera de la esclavitud económica.

Uno de los grandes nombres hebreos de Dios es Jehová-Yiré, nuestro proveedor. Él es capaz de librarlo de todo yugo de esclavitud a las deudas, la pobreza, y todo tipo de pérdida financiera. Si Él proveyó liberación cada siete años para los esclavos endeudados de Israel, usted puede creer que al vivir bajo un mejor pacto, la sangre de Jesús, Él lo liberará.

¿Espera que Dios se ajuste a su lógica? ¿Que obre de acuerdo a su capacidad de hacer o no hacer dinero? Dios es un Dios sobrenatural. No está atado por las circunstancias naturales. Él hace milagros en todos los ámbitos de la vida para los que lo invocan y le creen. Dios prevalece sobre cualquier ley natural de las finanzas para obrar milagros de prosperidad en su vida. Él puede entrar en su situación en un instante con provisión sobrenatural que prevalece sobre su lógica.

La Escritura dice que cuando Dios liberó a los israelitas de la esclavitud de Egipto, ellos despojaron a los egipcios. Esa nación estaba tan contenta de deshacerse de esos esclavos que libremente les dieron oro, plata, joyas, ganado y todo lo que les pidieron. El pueblo de Dios dejó la tierra de su esclavitud rico en bienes y dinero.

Su liberación puede ser igualmente dramática. No crea que lo que ha logrado financieramente es lo mejor que puede hacer. Atrévase a creer el deseo de Dios de liberarlo para que aumente. Comience a declarar: "Mi mejor trabajo todavía está por venir. Mi mayor éxito aun no se ha alcanzado. Mis mejores días están delante de mí. Dios es capaz de llevarme a su tierra prometida de bendición y propósito más allá de mis sueños más fabulosos".

No creo que todo el mundo esté llamado a convertirse en millonario. Esa es la enseñanza de algunos que promocionan lo que yo llamo "hiperprosperidad". Pero Dios tampoco quiere que usted viva en carencia financiera, debiendo preocuparse por no tener lo necesario para el próximo pago de la hipoteca o para comprar comida para sus hijos. Si usted honra a Dios, Él lo honrará a usted y proveerá para sus necesidades.

CUATRO NIVELES DE
REALIDAD FINANCIERA

A medida que usted aprenda a ser un buen administrador de sus bendiciones, Dios ha prometido aumentarlas en su vida. Él no solo quiere que usted obtenga riqueza para usar en su propio placer. No se puede juzgar su justicia o su espiritualidad por la cantidad de riqueza que usted tiene. La ganancia no es piedad. Si eso fuera cierto, la mafia sería considerada piadosa. Dios le da a usted prosperidad para ayudarlo a cumplir los propósitos divinos en la tierra.

La Escritura enseña que es posible vivir en cuatro diferentes niveles de realidad financiera. Dios quiere moverlo del nivel más bajo al más alto a medida que usted ponga la fe en sus promesas de provisión sobrenatural.

1. El nivel de bolsa

¿Alguna vez tuvo un bolsillo agujereado, sin darse cuenta? Si ponía dinero en él, lo perdía. Hageo le dijo al pueblo que trabajaban mucho, pero vivían sin lo suficiente para comer o beber (Hageo 1). No tenían suficiente ropa para vestir o para mantenerse abrigados. ¿Cuál era el problema? Les dijo que era que se estaban aferrando a lo que hacían, pensando solo en sí mismos y descuidando la casa de Dios. Estaban violando los principios divinos de generosidad y de dar.

¿Tiene usted una mentalidad de nivel de bolsa? ¿Está ganando y ahorrando y tratando de aferrarse a todo su dinero? Justo cuando cree que va a avanzar, algo le pasa a su coche. O se enferma y tiene una factura médica inesperada. Parece como si hubiera un agujero en su bolsillo, y usted nunca tuviera lo suficiente.

Muchos viven en este nivel de bolsa de la realidad financiera. Es un lugar de carencia, un lugar en el que nunca se tiene lo suficiente. Se dice: "Estoy guardando todo lo que obtengo; lo reservo todo". La gente con esta mentalidad piensa que para salir adelante tiene que guardarse egoístamente cada centavo. Están atados por la avaricia y la deshonestidad.

¿Vive usted en el nivel de realidad financiera en que nunca hay suficiente? Aferrarse a todo lo que obtiene lo mantendrá en un lugar de carencia, ya que viola los principios divinos del dar. Usted necesita aprender el secreto de liberarse de esta esclavitud financiera dando, incluso en el momento de carencia financiera. La buena noticia es que usted no se tiene que quedar en el nivel de bolsa. Puede ser liberado para disfrutar el aumento de Dios en sus finanzas personales.

2. El nivel de barril

En sus enseñanzas sobre el dinero Jesús enseñó que los que eran fieles en lo poco serían fieles en lo mucho (Lucas 16:10). Ese principio es la clave para aprender a vivir en el nivel de barril de la bendición. Cuando todo lo que usted tiene es un poco, debe aprender a dar un poco. Hay que superar el miedo a no tener lo necesario. Sembrar semilla para una cosecha es el secreto para segar esa cosecha.

Durante la hambruna de Israel que fue anunciada por Elías, Dios le dijo a éste que saliera del arroyo donde había sido alimentado sobrenaturalmente por los cuervos. Le dijo que fuera a Sarepta a buscar a una viuda que proveería para él (1 Reyes 17).

Cuando Elías encontró a la viuda, le pidió que le trajera un poco de agua y un bocado de pan. Ella le dijo que no tenía nada de pan. Tenía un puñado de harina en la tinaja y un poco de aceite en una vasija. Estaba recogiendo leña para cocinarlo para comer ella y su hijo, y morir.

Elías le dijo: "*No tengas temor*; ve, haz como has dicho; pero hazme a mí primero de ello una pequeña torta cocida debajo de la ceniza, y tráemela" (v. 13, énfasis añadido). Luego le dijo que si hacía eso, Dios prometía que su tinaja de harina no se agotaría ni su vasija de aceite se secaría hasta que la hambruna hubiera terminado.

Así que la viuda hizo primero una torta para Elías. Usó todo lo que tenía para darle a un siervo de Dios lo que le había pedido. Ella y su hijo sobrevivieron a la hambruna durante muchos días con la harina y el aceite que se reponían sobrenaturalmente en la tinaja y la vasija.

> ¿Por qué va a dar, cuando no tiene lo suficiente para sí mismo? Porque eso lo coloca a usted en el territorio de los milagros. ¡Los milagros ocurren en el territorio de los milagros!

Si usted desea subir del nivel de bolsa al nivel de barril, tendrá que dejar que el temor se vaya, y actuar con fe. Usted tiene que dar a pesar de su propia necesidad. No es lógico. ¿Por qué va a dar, cuando no tiene lo suficiente para sí mismo? Porque eso lo coloca a usted en el territorio de los milagros. ¡Los milagros ocurren en el territorio de los milagros! Ese es el lugar donde usted da por fe en obediencia a Dios.

Elías le dijo a la viuda que le hiciera una torta primero. Le estaba diciendo: "¡Muévete al territorio de los milagros!". En el momento en que ella obedeció, se trasladó desde el nivel de bolsa de no tener lo necesario, hasta el nivel de barril de tener suficiente. Ella sembró una torta en obediencia, y Dios le dio una cosecha milagrosa que satisfizo sus necesidades todos los días hasta que la hambruna terminó.

Me gusta imaginar que sus amigos venían a su casa para ver a esta viuda que abría su tinaja y sacaba la provisión de comida para otro día. La observaban ir hasta la tinaja de aceite vacía y verter suficiente para la cocción de ese día. Ellos veían un milagro de provisión sobrenatural de Dios. Ella les volvía a contar la historia de que hizo la última torta para el profeta que le pidió que le diera a él primero. Ellos daban gracias a Dios por enseñarle a moverse al territorio de los milagros por medio del dar.

Si usted está viviendo en el nivel de bolsa, Dios quiere que se mueva al nivel de barril, en el que tiene suficiente para pagar las cuentas y proveer para su familia. Esa viuda estaba comiendo su última comida. Ella no tenía lo necesario para sobrevivir un día más, hasta que le dio al profeta en obediencia. Entonces Dios la prosperó en un nuevo nivel de provisión milagrosa. Era justo lo suficiente, pero era mucho mejor que no tener lo necesario.

El nivel de barril es una bendición de Dios para evitar que usted tenga carencia financiera. Usted debe estar agradecido de que Dios le haya dado lo suficiente; que tiene lo suficiente para pagar sus cuentas, que tiene un hogar y un automóvil y para las necesidades de la vida. Dé gracias a Dios de no estar viviendo en el nivel de bolsa. Usted ha pasado al territorio de los milagros aprendiendo a dar en obediencia a los principios de Dios.

Sin embargo, no creo que Dios quiera que usted se quede en el lugar en que solo tiene lo suficiente para pagar sus cuentas y satisfacer las necesidades de su familia. Sigue siendo egoísta pensar solamente en ustedes mismos y sus necesidades. Usted no puede ayudar a los menos afortunados cuando vive con lo justo para usted en su barril. Dios quiere que al dar conozca la gran generosidad de su corazón— y sea capaz de dar para las necesidades de otros.

Si usted se ha quedado estancado en el nivel de barril, donde a fin de mes hace todos sus pagos, pero no le queda nada más, tiene que pedirle a Dios que lo mueva al tercer nivel de la realidad financiera: el nivel de cesta.

3. El nivel de cesta

¿Recuerda al niño que le ofreció su almuerzo a Jesús para alimentar a la multitud? Se levantó por la mañana y puso cinco pancitos y dos peces en la cesta de su comida. Luego siguió a la multitud para escuchar predicar a un galileo llamado Jesús (Juan 6:1-12; vea también Marcos 6:36).

La Biblia dice que después de que Jesús hubo enseñado a la multitud de más de cinco mil personas, estas tenían hambre. Jesús pidió a sus discípulos que les dieran de comer. Ellos se asombraron de la sugerencia de alimentar a toda esa gente. Su respuesta fue que la despidiera. Le dijeron a Jesús que toda la comida que habían visto era el almuerzo de un niño, cinco panes y dos peces. Jesús pidió que se los trajeran.

La Biblia dice que Jesús tomó los panes y los peces, e hizo tres cosas: los bendijo, los partió y los dio a la gente. Este es el mismo proceso de tres pasos que usted debe seguir, si desea cumplir los propósitos de Dios para su vida.

Primero, Él lo saca a usted del pecado, lo libera y lo bendice. Esta es la parte del proceso que nos encanta. Uno se siente tan bien al estar libre del pecado y tener la bendición de Dios en nuestras vidas. Luego comienza el proceso de cambiar nuestra forma de pensar, nuestros deseos egoístas y nuestras decisiones equivocadas. Esta es la parte que queremos evitar. Pero Él lo está quebrando a usted porque quiere "darlo" a la gente.

Dios quiere hacer de usted una bendición para los demás, para su comunidad, e incluso para las naciones del mundo. Cuando ese niño ofreció su almuerzo al Maestro, Jesús bendijo su cesta y la utilizó para satisfacer a toda la comunidad. Todas las personas fueron alimentadas por la multiplicación milagrosa de ese pequeño almuerzo, ¡y hubo doce cestas llenas que sobraron!

Creo que había doce cestas llenas para que cada uno de los discípulos pudiera llevar una. Me gusta imaginar a ese niño volviendo a casa de su madre con los discípulos siguiéndolo. Su madre los ve y pregunta qué ha sucedido. Él dice que fue a escuchar a Jesús y le dio su almuerzo para alimentar a cinco mil personas. Cuando Jesús bendijo su almuerzo quedaron esas doce cestas. Tenían comida para muchos días.

Cuando usted le da lo que tiene a Dios, que es el legítimo propietario, Él lo bendice y lo multiplica para satisfacer cada necesidad. Dios quiere moverlos a usted personalmente y a todo el Cuerpo de Cristo, desde el nivel de barril de tener suficiente, hasta el nivel de cesta de proveer para las necesidades de otros.

Después que esa comunidad fue bendecida, el niño apareció en su casa ¡con las cestas que sobraron! Si usted está viviendo en el nivel de barril de tener lo suficiente, debe saber que hay otro nivel ¡que es más que suficiente! Dios quiere liberarlo para que abunde.

Una de las Navidades más memorables de mi familia fue cuando pudimos dar a lo grande a una familia digna de ayuda. Nuestra iglesia tenía varios árboles de Navidad en el escenario como decoración durante la época navideña. Uno de nuestros pastores me dijo que una madre sola de tres hijos había preguntado si podía pedir prestado uno de esos árboles de Navidad para sus hijos.

Investigué su situación y me di cuenta de que realmente estaba tratando de dar a sus hijos todo lo que podía con su limitado ingreso. Ella había sufrido recientemente el divorcio por causa de la violencia doméstica y de una relación abusiva.

Así que, en la víspera de Navidad, mi esposa y mis hijos fueron conmigo a Toys "R" Us y comenzaron a hacer las compras de Navidad para esta familia. Mis hijos escogieron regalos para los niños, y compramos adornos y un árbol de Navidad para ellos. Llegamos a su casa con camionetas llenas de regalos para esta familia. Cuando entregamos todos los paquetes y los adornos, nos dispusimos a salir. Una vez fuera de la vivienda, oímos que esa madre comenzó a gritar dando gracias a Dios. Escuchamos los chillidos de alegría de los niños, y nuestros corazones se colmaron de gratitud a Dios porque fuimos bendecidos para bendecir a otros.

Es necesario que lleguemos a ser personas que buscan bendecir a otros. Entonces Dios aumentará nuestro nivel de cesta hasta que alcance el cuarto nivel de la realidad financiera: el nivel de granero.

4. El nivel de granero

Si Dios puede confiarle más que lo suficiente, para que usted pueda dar a otros, lo llevará a un nivel de prosperidad aún mayor. ¡Dios quiere que usted piense en GRANDE! Usted es completamente victorioso sobre el temor al fracaso financiero cuando comprende que su prosperidad tiene un propósito. La riqueza no es para convertirse en "peces gordos". Es para convertirse en bendición para otros.

Cuando José fue liberado de la prisión y nombrado por el Faraón como el segundo al mando en Egipto, Dios lo usó para crear centros de depósito de alimentos que preservarían a las naciones durante un tiempo de hambruna. Los graneros de alimentos que José almacenó durante los siete años de buenas cosechas ayudaron a alimentar a todo el mundo durante los siete malos años de hambruna.

Dios quiere elevar a algunos de ustedes al nivel de granero. Él sabe que si lo afecta *a* usted, *a través de* usted puede tocar a gente de todo el mundo con la verdad del evangelio, además de la bendición material.

En mi iglesia hay personas a quienes he pastoreado durante veinte años, que vivían entre los niveles de bolsa y de barril desde hacía años. Eran trabajadores y aprendieron a dar en medio de su necesidad. Ahora se han convertido en multimillonarios que siguen dando más y más para alcanzar a las almas perdidas con el evangelio.

Dios no los hizo pasar del nivel de bolsa al de granero de un día para otro. Pasaron por su proceso de entregarse a Él y permitirle que los quebrara a fin de usarlos para sus propósitos. Por ese quebrantamiento Él está derramando bendición a través de sus vidas. El secreto para pasar del nivel de bolsa de no tener lo necesario, hasta el nivel de granero de tener suficiente para las naciones es, en una palabra, la obediencia.

No importa en qué nivel de realidad financiera esté viviendo usted; Dios ya tiene más que suficiente para sus necesidades. Usted no debe temer por su situación financiera. Dios sabe cómo moverlo de la carencia financiera a la abundancia. Lo único que puede limitarlo es su propio nivel de fe. Cuando Dios dice que se mueva, usted tiene que actuar en fe para entrar a su territorio de milagros.

Usted puede decir: "Bueno, estoy jubilado y vivo con un ingreso fijo". No en Dios. Eso no es una limitación para Dios cuando usted se mueve en fe a lo que Él le pide que haga. "Bueno, la economía está mal". ¿Recuerda a la mujer que vivía en la hambruna? Su hambruna se terminó cuando ella obedeció lo que el profeta le dijo que hiciera: dar primero, desde su necesidad.

> Dios sabe cómo moverlo de la carencia financiera a la abundancia. Lo único que puede limitarlo es su propio nivel de fe.

Usted puede estar a punto de dar a luz un milagro. Es tiempo de salir del nivel de necesidad, o de tener apenas lo suficiente, y dejar que Dios libere sus recursos en su vida. Si va a obedecer a Dios y dejar de aferrarse a lo que tiene, Él entregará en sus manos provisión para que pueda bendecir a otros.

Entiendo que algunos han llevado al extremo los principios de la prosperidad. Yo no creo en eso, pero sí creo en la prosperidad con un propósito. Creo lo que la Biblia enseña acerca de la ley de la siembra y la cosecha, y creo la enseñanza de Jesús sobre el dar.

Él no solo enseñó a dar; Él dio su vida para

romper la maldición del pecado sobre su vida. Él murió para darle una vida abundante, no solo para la eternidad sino también para el presente. Él quiere bendecirlo y hacerlo una bendición para otros.

La Biblia advierte acerca de la codicia y el amor al dinero, llamando al amor al dinero la raíz de todos los males (1 Timoteo 6:10). Usted debe cuidarse de amar el dinero más de lo que ama a Dios. Dios quiere bendecir su vida no solo con dinero, sino también con un gran amor por Él y por su Palabra. Quiere darle su amor por las almas perdidas del mundo. Cuando usted busca primero a Dios y camina en sus mandamientos, Él libera recursos sobrenaturales en su vida.

Uno de mis salmos favoritos es el Salmo 112, que enumera todas las bendiciones que Dios quiere darnos. El prerrequisito para recibir sus bendiciones es andar en el temor del Señor y deleitarse en sus mandamientos. Yo temo a Dios. Respeto a Dios y lo honro. Tomo en serio su Palabra. De acuerdo a su Palabra, Dios se deleita en la persona que hace eso.

Él se deleita en usted cuando lee su Palabra y la ama con todo su corazón. Hable su Palabra, y camine en sus mandamientos. Comience a decir: "Yo sé que Dios quiere bendecirme". Sus promesas para usted son poderosas cuando usted lo ama. Sus hijos serán poderosos y bendecidos. Usted no tendrá temor de malas noticias, porque está confiando en el Señor. Manejará sus negocios equitativamente, y triunfará sobre sus enemigos. (Vea Salmos 112, NTV).

El temor a la carencia, el temor a que falte lo necesario, es un enemigo terrible. Dios no quiere que usted viva su vida en el nivel de bolsa. Su voluntad es bendecirlo para que sea una bendición para otros.

Un testimonio de gracia

Cuando recién comenzaba a pastorear la iglesia Free Chapel, decidí que no tendríamos una mentalidad de bolsa, lo cual significaba que no ignoraríamos las necesidades de los pobres e indigentes de nuestra comunidad y del mundo. Comenzamos a alimentar a los pobres y a ministrar a los necesitados. Nos decidimos a convertirnos en una iglesia que se caracterizara por la generosidad, que daría millones de dólares para las misiones mundiales.

Hubo momentos en que estuvimos en programas de construcciones mayores y necesitamos dinero para nuestros asuntos. La mentalidad de bolsa dice que satisfagamos primero las necesidades propias, y aferremos la billetera para nosotros mismos sin ayudar a otros. Pero en esos tiempos seguimos dando, y aumentamos más y más. A medida que continuamos dando, avanzamos de una mentalidad de no tener lo necesario a tener más que suficiente. Hoy en día, nuestro ministerio está totalmente libre de deudas y podemos dar como nunca antes.

Por la gracia de Dios hemos dejado atrás el nivel de bolsa y estamos viviendo en el nivel de granero que es capaz de suplir las necesidades de otros. Dios nos habló de dar el diezmo de los ingresos de nuestro ministerio televisivo y dar a las naciones. Nuestra iglesia está llevando recursos a Haití para alimentar a los niños pobres de allí. Estamos trabajando con un centro de malnutrición para dar millones de comidas a los niños más necesitados todos los años. También vamos a hacer lo mismo en África.

En nuestra área, apoyamos los ministerios Freedom From Addiction (Libertad de la adicción) para hombres, mujeres y adolescentes. Otros ministerios de extensión se financian con los recursos de la iglesia a nivel de granero. ¿Por qué nos da Dios la habilidad de hacer riquezas? Porque así Él puede establecer su pacto en la tierra. Él quiere que llevemos el evangelio a toda criatura.

Si usted quiere tener un nuevo comienzo en el área de las finanzas y combatir con éxito el temor a la carencia financiera, por favor, haga esta oración con todo su corazón:

> *Querido Dios, gracias por tus maravillosas promesas de cuidar a tus hijos como Padre celestial. Yo vengo a aceptar tu Palabra y a buscar primero tu Reino. Renuncio al espíritu de pobreza y te pido que liberes tus niveles de prosperidad en mi vida mientras obedezco tu palabra. Ayúdame a dar con un corazón generoso. No dejes que me detenga en tener lo necesario, sino permíteme el privilegio de dar también a otros. Yo creo que me mostrarás las estrategias que necesito para mi trabajo y mi negocio a fin de combatir cualquier problema financiero que vaya a enfrentar ahora o en el futuro. Guárdame de la codicia y la avaricia, y hazme una bendición para mi comunidad y más allá. Amén.*

5

NO TEMER RESPECTO
DE SU FAMILIA

E s obvio que la principal prioridad de los
ataques de Satanás en el siglo XXI es su
familia. Si su familia es la principal prioridad
del enemigo, ¿no debería ser también la suya? En
estos tiempos difíciles usted debe luchar por los
valores que aprecia y los estilos de vida bíblicos y
morales a los cuales se ha consagrado. Un hijo es
la única cosa eterna que un hombre y una mujer
pueden crear. Cuando usted sostiene en sus brazos
a ese pequeño bebé que Dios le ha dado, está sosteniendo en sus manos un alma eterna. Estará viva
dentro de mil años, pasando la eternidad en alguna
parte. Usted debe luchar por el alma de ese niño no
importa qué ataque del enemigo venga contra él.

¿El temor asalta su corazón cuando ve que sus

hijos luchan con la presión de sus pares? ¿Con la tentación de ceder a estilos de vida destructivos? No permita que el temor lo domine. En lugar de eso, usted tiene que luchar en oración por su familia. Dios está con usted y hará milagros para usted cuando ore por su familia.

Cherise y yo hemos luchado y seguimos luchando por nuestra familia. El mundo no va a invadir nuestro hogar sin que lo sepamos. Constantemente estamos conscientes de lo que hacen nuestros hijos. Cualquier padre que se retira en tiempos como estos, metiendo la cabeza en la proverbial arena, será testigo de cómo el infierno invade su casa. Estando vigilantes y en oración, podemos mantener a salvo a nuestros hijos.

Cuando la televisión, la internet y las plataformas de medios sociales como Facebook, Instagram y Twitter ofrecen a sus hijos acceso instantáneo al mundo las veinticuatro horas, los padres no pueden ser neutrales o estar ausentes de las vidas de sus hijos. Usted tiene que luchar contra los planes del enemigo para destruirlos. No sirve de nada preocuparse; usted debe batallar.

Como padres de cinco hijos, mi esposa y yo controlamos constantemente las computadoras, tabletas, teléfonos y otros dispositivos. Mis hijos saben que estoy pagando su teléfono celular y que voy a leer sus mensajes de texto. Saben que no pueden tener códigos secretos que yo no pueda supervisar. Como dice mi esposa: "Nuestros hijos no tienen vida privada". Estamos activamente guardando del mal sus mentes y corazones para mantener nuestro hogar como un lugar seguro para que crezcan.

La vigilancia es la clave, pero usted no tiene que vivir atemorizado por lo que sus hijos van a experimentar mientras crecen. Me encanta lo que dijo una vez un ministro que visitó a nuestra congregación. Dijo: "Estoy convencido de que no podemos privar a nuestros hijos de sus testimonios. Cuando uno de mis hijos estaba haciendo locuras, Dios me dijo que le respondiera a la gente que preguntara por el niño: 'Él está trabajando en su testimonio'".

Cuando Dios lo libra a usted del mal, le da un testimonio. Cuando sus hijos se ven tentados a pecar, usted puede invocar a Dios, participar en la batalla de fe, y ver que su mayor tentación se transforma en un glorioso testimonio. Si usted pelea, Dios peleará por usted.

Cuando usted elige vivir rectamente y aceptar la batalla de fe, Dios pelea por su familia. Él le ayudará a preparar un lugar seguro donde usted pueda escabullirse de la inundación de iniquidad que está surgiendo en la tierra. Usted tiene que pelear la buena batalla de la fe y hacer frente sin temor a todas las amenazas a su familia.

Un tributo al "lugar seguro" de mis padres

Estoy hoy en el ministerio debido al hogar piadoso que mis padres establecieron para mis hermanos y para mí. Nos enseñaron a orar, y a leer y apreciar la Palabra de Dios. Nos enseñaron a respetar la casa de Dios desde que éramos niñitos.

Cuando yo era niño no quería más que jugar con mis amigos en la iglesia. Recuerdo un domingo, cuando tenía unos nueve años. Mis padres pastoreaban una pequeña iglesia en Henderson, Carolina del Norte. Cuando el organista regular no estaba allí, mi madre tenía que tocar el órgano. Eso me dejaba libre para sentarme en la parte de atrás de la iglesia con mis amigos.

Un domingo por la mañana, mamá tocaba el órgano y mis amigos y yo estábamos sentados en la parte trasera. Alguien había traído un espejito, y nos dimos cuenta de que por las ventanas el sol entraba a la iglesia. Así que decidimos divertirnos con ese espejo.

Lo sosteníamos para que el rayo del sol se reflejara en el espejo y luego justo a los ojos de los miembros del coro que estaban adelante. Podíamos verlos cantar, y luego, de repente, uno se enceguecía por el rayo láser de luz solar que disparábamos a sus ojos. Estábamos pasándola de lo mejor que pueda imaginar. Nos reíamos y estábamos completamente absortos en nuestra pequeña estratagema.

Ni siquiera me di cuenta de que mi madre había dejado el órgano y marchaba hacia la parte posterior del santuario donde yo estaba sentado. De pronto sentí que alguien me agarró por el hombro y empezó a sacarme del banco al pasillo. Cuando me di cuenta de que era mi madre, tuve ganas de gritar: "¡Oren, santos, oren!".

Saliendo del santuario mamá me pellizcó el hombro y dijo: "Creo que el diablo te ha atrapado". Le contesté con desesperación: "Yo también creo lo mismo", sin intención de faltarle el respeto. Me di cuenta demasiado tarde de que no fue correcto decir eso. Les ahorraré el resto de la historia, excepto para decir que yo sabía que me esperaba una buena disciplina materna por mi falta de respeto por la casa de Dios.

Mis padres mantuvieron un lugar seguro para mí, entrenándome y corrigiéndome para que aprendiera a caminar en el temor de Dios. Ellos simplemente dijeron que no a los consejos culturales de "ceder y dejar que ellos hagan lo que quieran". Cada vez que lo hacían, mis padres iban fortaleciendo mi lugar seguro. Cada vez que imponían sus estándares piadosos en mis decisiones y en mi estilo de vida, me rescataban de la avalancha de destrucción que había a mi alrededor.

Incluso en mis años de adolescencia cuando traté de rebelarme, mamá y papá oraban más por mí. Hicieron lo mismo con mis dos hermanos y con mis dos hermanas. Cuando uno de nosotros comenzaba a apartarse de los principios divinos que nos enseñaron, sabíamos que ellos estaban luchando por nosotros. Siempre teníamos las comidas en familia, y si papá, a quien le encantaba comer, no estaba en la mesa, sabíamos que estaba ayunando por uno de nosotros. Era grandioso. Mamá y papá por lo general ayunaban y oraban juntos por sus hijos.

Por lo general, cuando yo intentaba pecar, no podía hacerlo con éxito. Los demás se salían con la suya, y a mí siempre me atrapaban. Un día salí con un amigo y traté de drogarme. Fumé cinco porros antes de poder sentir un poquito de "gozo".

Normalmente cuando la gente se droga, empieza a hablar de que ve elefantes rosas y magníficos colores psicodélicos. Yo no. En mi lamentable éxtasis vi a Moisés, a los cuatro caballos del Apocalipsis ¡y otras visiones terribles!

Cuando usted lucha en oración por sus hijos, ¡esas oraciones hacen impacto! Tal vez como yo, su hijo ni siquiera podrá disfrutar de ir de juerga. Es difícil salir y disfrutar el pecado cuando se está rodeado de ángeles asignados para usted por sus padres piadosos. Ellos me echaron a perder todo. Hasta cuando dormía, oraban por mí. Ellos lucharon por mi alma, y hoy les estoy profundamente agradecido.

De acuerdo con mi personalidad, fácilmente podría haberme convertido en un alcohólico. Cuando hago algo, voy hasta el fin. Beber en sociedad me habría llevado al alcoholismo. Cuando las drogas y el alcohol confrontaron mi joven vida, los valores y el estilo de vida de mis padres que han formado mi carácter me ayudaron a tomar las decisiones correctas en ese tiempo.

Cuando la promiscuidad pareció ser una opción legítima en vez de buscar a Dios para que me diera una compañera para la vida, los principios morales que eran parte de mi fundamento estuvieron allí firmes protegiéndome. Hoy doy gracias a Dios porque, cuando el torrente del mal vino contra mi inmadurez, dentro de mí hubo una fuerza que me refrenó. Me decía: "Habrá consecuencias si decides hacer el mal". Mis padres habían cumplido su labor de crear una perspectiva piadosa y una atmósfera de rectitud que se convirtió en un poderoso estándar para mi conducta.

Cuando ellos luchaban por el destino de Dios para mi vida, Dios peleaba por ellos. Hoy les estoy agradecido por su perseverancia en la oración. Ellos son la fuerza que estuvo detrás de mi ministerio. Ellos ganaron la batalla por mi destino. No tenían temor porque entendían que Dios estaba peleando por ellos.

> Como madres y padres, es necesario que ustedes luchen por sus hijos en oración. No se queden sentados, atemorizados por lo que les deparará el futuro. No tengan miedo de que el pecado pueda destruir sus vidas.

Años más tarde, cuando fui llamado al ministerio y comencé a ayunar y orar mucho, le pregunté al Señor por qué estaba tan cerca de mí. Él me respondió, y dijo: "Porque tu madre está muy cerca de mí". Comprendí que si estamos cerca de Dios mediante la oración y la intercesión por nuestros hijos y nietos, Dios estará muy cerca de ellos. Él intervendrá en sus vidas y los guardará del mal.

Como madres y padres, es necesario que ustedes luchen por sus hijos en oración. No se queden sentados, atemorizados por lo que les deparará el futuro. No tengan miedo de que el pecado pueda destruir sus vidas. Pónganse de pie en fe y luchen por su familia, y Dios peleará por ustedes.

Cómo luchar por su familia

Nehemías, un héroe del Antiguo Testamento, nos enseña cómo luchar por nuestras familias. Él estaba liderando a Israel en la reconstrucción de los muros de Jerusalén, cuando algunos enemigos se presentaron y comenzaron a amenazar sus vidas. Trataron de amedrentar al pueblo, pero Nehemías desafió a las familias de Israel:

> ¡No les tengan miedo! Acuérdense del Señor, que es grande y temible, *y peleen por sus hermanos, por sus hijos e hijas, y por sus esposas y sus hogares.*
> —Nehemías 4:14, nvi (énfasis añadido)

Sus enemigos se burlaban de ellos, y menospreciaban sus esfuerzos por volver a hacer de Jerusalén un lugar seguro. Luego decidieron atacar a estas familias judías, tramando un complot secreto para destruirlas. Pero en lugar de dejarse intimidar, los judíos se protegieron unos a otros como Nehemías les enseñó.

Nehemías pidió que la mitad de ellos trabajara para construir el muro, mientras que la otra mitad hacía guardia. Los que estaban trabajando usaban una mano para construir y en la otra llevaban un arma. Cuidaban la ciudad de día y de noche. Esta constante vigilancia era necesaria para mantenerlos a salvo.

Puedo verme a mí mismo como padre de pie en ese muro con una paleta de albañil en una mano y un arma en la otra. Estoy determinado a construir un hogar y una familia exitosos, incluso en un tiempo en que la mitad de los matrimonios terminan en divorcio. Cuando las estadísticas dicen que los niños tienen que pasar por todo tipo de problemas peligrosos, yo voy a tener hijos que sirvan al Señor. Estoy luchando por mis hijos y Dios está peleando junto conmigo.

Mientras trabaja para construir muros de rectitud para proteger su hogar, usted tiene que armarse. Tiene que decidir que no va a dejar que el enemigo se apodere de su familia. Tiene que determinar: "Voy a luchar por mi matrimonio. Voy a luchar por mis hijos. Voy a pelear la buena batalla, ¡y la voy a ganar!"

La lucha por nuestros cinco hijos

Mientras nuestros hijos crecen, Cherise y yo estamos tan decididos como siempre a luchar por ellos. Parece que el mal es más intenso, la cultura es más corrupta y las influencias de lo mundano que bombardean nuestros hijos son todavía más potentes que cuando yo era niño.

Un verano planeamos un viaje familiar a la playa. Nuestras hijas adolescentes invitaron a algunas de sus amigas a ir con ellas. Resultó que otras familias de nuestra iglesia estuvieron en la playa esa misma semana. Sus hijos adolescentes eran amigos de nuestras chicas. Así que, cuando llegamos a la playa, sentamos a nuestras hijas y establecimos las reglas básicas para lo que era un comportamiento aceptable en la playa con sus amigos.

Una cosa que no toleraríamos era que nuestras hijas fueran a la playa de noche con un miembro del sexo opuesto. Queríamos que a todos les quedara claro, así que dijimos: "¿Entendido?" "Sí, papá. Entendido".

Pero una noche, mientras mi esposa y yo estábamos absortos en una película, sonó el teléfono.

Una de nuestras hijas estaba con nosotros y contestó el teléfono. No le presté atención, pero su madre aguzó los oídos. Cuando mi esposa se dio cuenta de que hablaba por teléfono con su hermana mayor, prestó mucha atención. Oyó que nuestra hija menor decía: "Sí, están sentados aquí".

¡Eso era sospechoso! Su madre le preguntó con quién estaba hablando, y ella respondió tímidamente que era su hermana mayor. Su madre le susurró amenazadoramente: "Dime todo lo que decía, ¡o voy a quitarte el teléfono por un año!" Levantó la mirada hacia el rostro de su madre, y lo prometió rápidamente, asintiendo con la cabeza.

Tras nuevas consultas con nuestra hija acerca de la llamada telefónica, mi esposa vino a sacarme de mi película. Me dijo que íbamos a dar un paseo por la playa. Me quejé y me resistí, pero ella persistió. No había manera de negarse al tono de su voz.

Entonces, en lugar de seguir el camino normal a la playa, me condujo a través de arbustos y me hizo gatear en cuatro patas, saltar una cerca, ¡y deslizarnos a hurtadillas en la oscuridad hasta llegar a la playa! Efectivamente, allí encontramos a nuestras adolescentes con los muchachos de otras familias de la iglesia.

Uno de los chicos nos vio venir y casi entró en

estado de choque. Empezó a agitarse, y su rostro palideció. No podía pensar en nada que decir, así que dijo: "Hola, Pastor. Fue un estupendo sermón el domingo pasado". Yo no sonreí. Solo dije: "Oh, ¡cállate! Ni siquiera sabes lo que prediqué. ¡Vete de esta playa ahora mismo!".

Él sabía que estaba descubierto, aunque al parecer los chicos no habían hecho nada malo, excepto romper las reglas. Bajó la cabeza y dijo: "Lo siento, Pastor", mientras se alejaba. Mis hijas conocían las reglas, y después de hablarles brevemente, las llevamos de regreso a la cabaña donde enfáticamente las hicimos conscientes de su "lugar seguro", ¡al punto que nunca olvidarán!

Formación, enseñanza, permanecer en sus vidas, y rehusarse a transigir: todo es parte de la lucha por su familia y de ver a Dios pelear por usted. La edificación de un sitio seguro contra las malas influencias de la sociedad que tratan de tentar, compeler y engañar a sus hijos es un trabajo a tiempo completo.

ESTRATEGIA PARA UN HOGAR SALUDABLE

Nadie dijo que edificar una saludable familia piadosa sería fácil. Usted debe comprometerse a ganar la guerra que arrecia contra su hogar. La batalla es incesante para los padres que quieren establecer fundamentos piadosos para su familia. Usted no puede disminuir su vigilancia. Se necesita tiempo y energía para estar presente en la vida de sus hijos.

¿Se siente abrumado por la influencia de sus pares? ¿Asalta su corazón el temor a las drogas, el alcohol y el sexo ilícito respecto a sus hijos? Luchar contra las fuerzas destructivas que amenazan a su familia significa que tiene que invocar a Dios para que luche por usted. No se deje intimidar por las amenazas del enemigo; no se limite a sentarse dejando que ocurra. Decídanse a trabajar juntos como padres, y a apoyarse el uno al otro en la lucha.

Mi esposa y yo aprendimos que como pareja joven teníamos que establecer dos cosas. En primer lugar, que amábamos a Dios. Y en segundo lugar, que estábamos totalmente comprometidos el uno con el otro. Eso significa que estamos comprometidos con la iglesia, que continuamente llenamos nuestra vida con la Palabra de Dios, y que determinamos formar juntos una familia piadosa.

Eso es lo que todas las parejas casadas deben hacer. Puede haber ocasiones en las que estén en desacuerdo y lastimen sus sentimientos. Pueden haberse dicho cosas duras el uno al otro, pero tienen que estar decididos a perdonar y a resolverlo. Obedecer la Palabra de Dios, mostrar misericordia, y esforzarse por vivir en paz.

Es necesario que usted le diga al enemigo que no tiene derecho a su hogar, ni a sus hijos, ni a su matrimonio. No tengo temor de criar a nuestros cinco hijos en estos tiempos de inseguridad, porque sé que mientras sometemos nuestras vidas a Dios y luchamos por nuestra familia, Dios pelea por nosotros.

Usted tiene que edificar su hogar sosteniendo constantemente un arma en una mano y una cuchara de albañil en la otra. Tome sus armas divinas—el nombre de Jesús, la Palabra, la oración y la alabanza—en una mano. Tome un instrumento de construcción en la otra mano, y esté preparado para luchar y construir cuando surja la ocasión. Comience a declarar ante el rostro burlón del enemigo: "Yo voy a reconstruir, y voy a luchar hasta que consiga la victoria en mi propio hogar". Diga el nombre de Jesús, declare las promesas de la Palabra de Dios y alábelo por la victoria que viene.

Si usted es un padre solo o una madre sola, está cualificado para la misma protección de las promesas de Dios para su familia. Es responsabilidad suya luchar por su familia, sean cuales fueren sus circunstancias. Es necesario que usted sepa que no está solo. Si usted entrega su vida a Dios en oración y ayuno, verá que Él protege a sus hijos de la destrucción del enemigo.

Cuando el enemigo trata de atacar a mi familia, le declaro lo que Nehemías les declaró a sus enemigos:

> El Dios de los cielos, él nos prosperará...vosotros no tenéis parte ni derecho ni memoria en Jerusalén.
>
> —Nehemías 2:20

No tenemos que tener temor de lo que el infierno pueda hacerles a nuestros hijos. Soy consciente de que, aunque los eduque bien en el temor de Dios, el infierno puede tener una oportunidad contra ellos. Pero cuando todo está dicho y hecho, ellos saben dónde está el altar; saben invocar el nombre de Jesús. Y yo sé que Él es el guardador de mi hogar y de mis hijos; Él peleará por mi familia.

La Palabra de Dios promete que quienes eligen obedecer la voluntad de Dios tendrán protección contra los propósitos del enemigo. El profeta Isaías declaró: "Ninguna arma forjada contra ti prosperará...Esta es la herencia de los siervos de Jehová, y su salvación de mí vendrá, dijo Jehová" (Isaías 54:17).

PERSEVERAR EN LA LUCHA

Nehemías enseñó al pueblo cómo luchar continuamente por sus hijos e hijas. Dios lo prosperará y luchará por usted cuando usted declare que el enemigo no tiene ningún derecho a su "Jerusalén": su hogar y su familia. Él no puede tocar a su esposa. Sus hijos no le pertenecen a él. Él no tiene parte en su hogar.

Israel no solo ganó la lucha por sus familias, sino que además preservó la seguridad de las generaciones futuras. ¿Sabía usted que porciones del muro que Nehemías e Israel restauraron siguen en pie hoy en día en Jerusalén? Estuve en Israel cinco veces y he visto partes del muro de Jerusalén que datan de la reconstrucción que dirigió Nehemías. La perseverancia de ellos en la lucha por sus familias les dio la victoria que todavía es evidente miles de años más tarde.

Al edificar un lugar seguro para sus hijos, usted está construyendo fundamentos multigeneracionales sobre los cuales podrán estar firmes sus nietos y las generaciones futuras. El salmista preguntó: "Si fueren destruidos los fundamentos, ¿qué ha de hacer el justo?" (Salmos 11:3). Pero si usted pelea, Dios peleará por usted para mantener los fundamentos de justicia para los hijos de sus hijos y más allá.

Sin embargo, para que eso sea una realidad, debe establecer en su casa una guardia para protegerla de cualquier plan furtivo del enemigo. Usted no puede permitir en su hogar la inmoralidad proyectada por los medios de comunicación. Eso le da al enemigo acceso a su hogar. Usted tiene que proteger a su familia del hablar profano e impuro, de la música u otras fuerzas destructivas que intentan invadir su hogar. Como he dicho, esto requiere una vigilancia continua y perseverancia en la lucha por el bienestar de su familia.

Usted no siempre podrá ser la persona más popular de su hogar. Su objetivo no es ser popular; no se espera que usted sea un compinche o el mejor amigo de sus hijos. Usted es quien los protege del mal cuando no pueden discernir su presencia por causa de su inmadurez.

> No se espera que usted sea un compinche o el mejor amigo de sus hijos. Usted es quien los protege del mal cuando no pueden discernir su presencia por causa de su inmadurez.

Cuando Noé oyó la palabra de Dios de construir un arca para preservar a su familia de la destrucción, la obedeció a Dios por completo. Pasó más de un siglo trabajando para construir un arca de seguridad para su familia. No solo llevó a bordo a los animales, sino que también se aseguró de que toda su familia estuviera a salvo en esa arca. El Nuevo Testamento se refiere a Noé como la octava persona del arca (2 Pedro 2:5). Creo que se refiere al hecho de que Noé fue la última persona que subió a ella.

No se limitó a tirar la planchada y abordar el arca, con la esperanza de que los otros siete miembros de su familia fueran tras él. Noé fue la octava persona, el último en subir a bordo. No solo él iba a ser rescatado. Determinó que sus hijos fueran con él. Ellos fueron la razón de sus ciento veinte años de trabajo en el arca. Eran parte del pacto que Dios hizo con él, y él era el responsable del bienestar de ellos. Se aseguró de que entraran con él a la seguridad del arca.

Estoy alarmado por la manera en que la gente se da por vencida y entrega a sus hijos al enemigo. Asume una actitud de "¿de qué sirve hacer algo?" cuando sus hijos se ven tentados a pecar. O adopta una perspectiva de "espero que salgan adelante". Esa es una manera cobarde de enfrentar los embates del enemigo contra su familia. Vale la pena luchar por ellos. Son almas eternas confiadas a su cuidado.

La Biblia dice que Job ofrecía diez sacrificios por día, uno por cada uno de sus diez hijos (Job 1). Yo creo que él decía el nombre de cada hijo al realizar el sacrificio por ellos. Mediante la sangre del animal sacrificado, él ponía un cerco de protección alrededor de ellos, luchando por su familia todos los días.

Cada día oro por mis hijos por sus nombres. Le pido a Dios que ponga a su alrededor un cerco de la sangre de su Hijo. Oro por protección y por limpieza de cualquier cosa mala que pudieran encontrar. Usted debe clamar por la sangre de Jesús sobre sus hijos todos los días. La sangre de Jesús hace dos cosas: limpia y protege su hogar. Usted puede construir un cerco de protección alrededor de sus hijos aplicando sobre ellos en oración la sangre de Jesús.

Aunque ahora sus hijos estén lejos del Señor, usted no debe dejar de orar por su salvación y protección. En realidad, ahora es más necesario que nunca que luche por ellos. Continúe orando hasta el día en que los vea volver al Señor.

Dios le ha dado el privilegio y la responsabilidad de criar a sus hijos. Usted debe luchar por sus hijos y sus hijas. Luche por su esposo. Luche por su esposa. Luche por sus nueras y sus yernos. Póngase toda la armadura de Dios (Efesios 6), y declárele al enemigo: "Entraste en tierra santa cuando atacaste mi hogar. Voy a luchar para mandarte de vuelta al infierno y para recuperar a mis hijos".

¿Cómo va a vivir su vida? ¿La va a llenar con trabajo y actividades para que otra persona tenga que cuidar de su familia? MTV no va a criar a mis hijos. Las niñeras no van a criar a mis hijos. Las escuelas no van a criar a mis hijos. Mi esposa y yo vamos a criar a nuestros hijos en el temor del Señor.

Entréguese a Dios y entréguele su hogar, y Él le dará la sabiduría y el poder para proteger a sus hijos. Usted no tiene que vivir atemorizado por ellos. Dios los redimirá para sus propósitos. Usted no está solo. Dios está con usted. Aunque usted sea un padre solo o una madre sola, puede descansar seguro de que la protección de Dios es suficiente para sus hijos y para usted.

Creo que la prioridad número uno del diablo es destruir su hogar. Él quiere que sea infeliz; quiere deshacerlo en pedazos. El Señor quiere que usted entienda que si su hogar es la primera prioridad del enemigo, también debe ser su primera prioridad. No su ministerio. No su carrera. No la recreación o la acumulación de "cosas". Nada debe ser más importante en su vida que mantener un hogar piadoso. Su prioridad número uno es luchar por su familia contra los ataques del enemigo.

LA LIMPIEZA DE SU CASA

Para mí, una de las escrituras más asombrosas de la Biblia acerca del hogar se halla en Levítico 14. Dios les dijo que cuando los hijos de Israel poseyeran su Tierra Prometida, iban a vivir en casas que ellos no habían construido. Lo que ellos no sabían era que esas casas habían sido dedicadas a los ídolos.

Esos pueblos paganos llevaban vidas idólatras, impías y practicaban todo tipo de actos impuros. Tenían ídolos ocultos en las paredes de sus casas. No eran visibles para las personas, pero sí conocidos por Dios. Esa idolatría pagana provocó que en las paredes aparecieran manchas que solo podían limpiarse por un sacrificio de sangre.

Dios le dijo a Moisés que cuando vieran manchas verdosas o rojizas en las paredes, la casa estaba contaminada y tenía que ser limpiada con sangre. Tenían que llamar a un sacerdote que fuera e hiciera un sacrificio por su hogar.

Esas manchas en las paredes eran llamadas plaga de lepra. La palabra *plaga* se relaciona con la ira y el conflicto. ¿Hay conflicto y discordia continuos en su hogar? Son manchas en la pared que tienen que ser limpiadas por la sangre de Cristo. De lo contrario, sus relaciones van a sufrir, y su casa será destruida.

El abuso verbal y físico son manchas en la pared que debe ser limpiadas por la sangre. Esas cosas ocultas en nuestros hogares atraen la influencia de Satanás contra nuestras familias. Usted puede aplicar la sangre de Jesús a su hogar, y Él le dará la gracia para que el perdón y el amor reinen allí. Dios quiere que usted experimente su paz y su gozo en su hogar.

Hay otras maneras en que los creyentes permiten que sus hogares se contaminen, causando "manchas" en las paredes. Muchos padres cristianos permiten música vil con letras violentas en sus hogares (a sabiendas o sin saberlo, a través de iPods y otros dispositivos). Algunos se involucran en la pornografía a través de la internet y otros tipos de medios de comunicación.

Algunos hogares han permitido que entren libros sobre ocultismo, programas de televisión violentos y películas impías. Ellos causan en las paredes manchas que ponen en peligro su piedad. Usted debe establecer un estándar de lo que es aceptable que entre a su hogar. Ponga límites a la exposición de sus hijos a la profanidad y la impureza.

Supervise los programas de televisión de sus hijos. Esté alerta sobre su uso de la computadora. Como sacerdote de su hogar, usted debe purificarlo continuamente con la sangre de Cristo. Si es un padre solo o una madre sola, usted es la cabeza espiritual de su hogar. Así como Job ofrecía continuamente sacrificios por sus hijos, usted es responsable de limpiar su hogar y dedicarlo de continuo al Señor.

Como padre, comprendo cómo el temor por el bienestar de sus hijos puede asaltar su corazón, especialmente durante los años de la adolescencia. Ellos están tomando decisiones que pueden afectar su futuro y su reputación de por vida. Para combatir esos temores, yo he decidido luchar por mi familia. Me niego a preocuparme por ellos. Por medio de la oración voy a estar cerca de Dios, y Él estará cerca de ellos. Hago todo el esfuerzo posible por estar presente en sus vidas, escuchando sus conversaciones y dándoles dirección.

FLECHAS EN LAS MANOS
DEL GUERRERO

El salmista declara que los hijos son una herencia del Señor y son como flechas en las manos de un guerrero. Dijo que el hombre que tiene su aljaba llena de ellos es feliz (Salmos 127:3-5, NTV). Me puse a pensar en las flechas y lo que necesitan para ser eficaces. Esta analogía hace de mí el arco que da dirección a la flecha: el hijo.

Si apunto mi arco en dirección al alcohol, la flecha irá hacia el alcohol. Si apunto hacia la obtención de dinero como meta, volará para hacerse rico. La flecha irá en la dirección en que yo apunte. No puedo esperar que la flecha vaya hacia la iglesia si no la estoy apuntando en esa dirección. Eso es simple lógica.

Cuando usted enseña a sus hijos a amar a Dios, la Escritura dice que no serán avergonzados. No se avergonzarán de ir a la iglesia o de vivir una vida moral. Cuando los dirige hacia una vida recta, se convertirán en un arma contra los planes destructivos del diablo.

> A veces pienso que estamos cambiando el llamado y el propósito de Dios en la vida de nuestros hijos por el sueño americano.

Enseñe a sus hijos que ellos no son como la familia de la otra calle o como el amigo de la escuela. Cuando dicen: "Todos lo hacen", dígales que ustedes no son como las demás familias. Apunte su flecha hacia la santidad, la adoración y el llamado de Dios para sus vidas, de llegar a ser un pastor, evangelista, maestro, empleado o empresario piadoso. Ellos están destinados a ser padres piadosos que seguirán su ejemplo.

A veces pienso que estamos cambiando el llamado y el propósito de Dios en la vida de nuestros hijos por el sueño americano. Apuntamos su flecha a convertirse en un atleta profesional o un poderoso hombre de negocios, o hacia la fama en el cine o las artes. Nos concentramos en ponerlos en las escuelas correctas y en el camino de la carrera correcta para que ganen el mejor salario posible y estén en la cima en su campo de actividad. Si Dios los llama a una carrera como esa para honrar a Jesucristo, esa es la dirección correcta para su flecha. Pero la dirección más grandiosa para la flecha de uno es dar gloria y honra a Cristo en todo lo que ellos hagan.

Usted tiene que "disparar sus flechas" hacia la verdad. Enséñeles que hay un solo Dios. Buda no es Dios. Mahoma no es Dios. Las filosofías de la Nueva Era no reemplazan a Dios. Usted fue creado por Dios para caminar en la verdad divina. El apóstol Juan dijo que no había nada que le causara más alegría que oír que sus hijos seguían la verdad (3 Juan 4, NTV).

Cuando usted dirija a sus hijos hacia la verdad, ellos entenderán que el dinero no es Dios. La educación no es Dios. Los deportes no son Dios. La fama no es Dios. Todo lo que ellos valoren será de Dios. Ellos conocerán el nombre del Hijo de Dios, Jesucristo, y lo servirán. No podrán renunciar ni pensar que pudiera ser de otra manera. La Biblia dice que no hay otro nombre dado a los hombres mediante el cual podamos ser salvos (Hechos 4:12).

Apúntelos continuamente en dirección a la verdad, y ellos van a derrotar a todas las fuerzas destructivas que vengan en su contra. Usted tiene que hacerse cargo de esas preciosas flechas de su aljaba. Es una lucha continua para mantenerlas yendo en la dirección correcta, pero usted puede ser audaz al confiar en que Dios cuida de ellos. Dios peleará por usted cuando usted decida luchar por su familia. Ore conmigo para que Dios lo ayude a comenzar o a intensificar su batalla a fin de mantener un lugar seguro para su familia:

Querido Jesús, gracias por mi familia. Gracias por abrirme los ojos para ver que tú quieres que mi hogar sea un lugar seguro—un arca—para dar refugio contra las inundaciones de pecado que hoy amenazan nuestro mundo. Ayúdame a hacer de mi familia la prioridad que tú quieres que sea. Me arrepiento de tener temor de afrontar los problemas que veo en mi hogar. Me determino a luchar por mi familia, sabiendo que tú pelearás por mí. Espíritu Santo, por favor, muéstrame todo lo impuro que es necesario quitar de mi vida y de mi hogar. Me niego a preocuparme o a atemorizarme. Por medio de la intercesión estaré muy cerca de ti, Dios, y tú estarás muy cerca de ellos. Gracias. Amén.

6

NO TEMER POR SU SALUD

L a EXPECTATIVA DE vida en los Estados
Unidos casi se ha duplicado durante el siglo
XX. Somos más capaces de curar y controlar
las enfermedades que cualquier otra civilización
de la historia.[1] Sin embargo, los medios de comunicación dan una imagen diferente de la salud en
nuestra nación. En 1996, Bob Garfield, un periodista de revistas, revisó artículos sobre enfermedades graves publicados en el transcurso de un año
en el *Washington Post*, el *New York Times* y *USA
Today*. De su lectura aprendió que:

- Cincuenta y nueve millones de estadounidenses tenían enfermedades
  cardíacas.

- Cincuenta y tres millones sufrían migrañas.

- Veinticinco millones tenían osteoporosis.

- Dieciséis millones eran obesos.

- Tres millones tenían cáncer.

- Diez millones sufrían de enfermedades poco conocidas, tales como trastornos de la articulación temporomandibular.

- Dos millones sufrían lesiones cerebrales.[2]

Sumando las estimaciones, Garfield concluyó que la mayoría de los estadounidenses estaban gravemente enfermos. "O como sociedad estamos sentenciados, o alguien lo está duplicando seriamente", sugirió.[3]

No escuche a las cadenas televisivas ABC, NBC, y "¡Ay de mí". Solo tratan de crear una cultura del miedo, haciendo mucho ruido de poco. Dios no quiere que usted viva con temor crónico a causa de lo que los medios promueven, a menudo para vender sus productos.

Lo desafío a usar la Palabra de Dios como poderoso antídoto para la ansiedad, el temor y los ataques de pánico. Pónganse toda la armadura de Dios que el apóstol Pablo describe, la cual incluye el escudo de la fe para desviar los dardos del enemigo. También incluye la espada del Espíritu, que es la Palabra de Dios (Efesios 6:17). Esas armas divinas le dan poder sobrenatural para vivir la vida con audacia. Ellas liberarán el poder de Dios en cada situación negativa que usted enfrente.

NUESTRA CRISIS DE SALUD

Nuestra familia se enfrentó a una terrible crisis con nuestra hija mayor cuando ella le dijo a mi esposa que se había encontrado un bulto en el pecho. Mi esposa lo dice como solo puede hacerlo una madre:

> Mi abuela murió de cáncer de mama, y mi madre fue diagnosticada con cáncer de mama hace muchos años. Nunca olvidaré el día en que mi hija, entonces de diecisiete años, vino a decirme que se había encontrado un bulto en el pecho. Mi corazón se llenó inmediatamente de temor, considerando nuestros antecedentes familiares. Tratando de no asustarla,

permanecí tranquila por fuera, y le dije que probablemente no fuera nada; es común que las chicas tengan nódulos. Pero por dentro yo estaba entrando en pánico.

Al día siguiente la llevé al médico para que la revisara. El doctor encontró el bulto y dijo que era del tamaño de una moneda de veinticinco centavos. Por los antecedentes de cáncer de mama, nos envió a Atlanta a un especialista, y nos dijo que no se veía bien. Tardamos una semana en poder ver al especialista, lo cual fue una auténtica tortura.

Ese miércoles por la noche tuvimos un servicio realmente poderoso. Nuestra hija, que usualmente iba a los servicios para jóvenes los miércoles por la noche, en esa ocasión estaba en el santuario cantando con el grupo de alabanza. El Espíritu de Dios cayó y mi esposo se sintió movido a llamar a la gente a pasar adelante para orar.

Ella caminó hasta el frente llorando, junto con muchos otros que esa noche necesitaban un toque de Dios. Más tarde dijo: "Cuando recibí la oración, algo cambió, y sentí que la paz de Dios me envolvía. Ese terrible miedo que atrapaba mi vida me dejó".

Cuando llegamos a casa, ella nos dijo que no podía encontrar el bulto. Así que volvimos a nuestro médico local la mañana siguiente para ver si él podía encontrarlo. No pudo.

Mientras ella yacía en la camilla, dije, preocupada: "Tiene que estar allí. Compruebe de nuevo. Siga verificándolo". Pero él respondió: "Lo que fuera que haya estado allí, ya no está ahora". Así que volvimos al especialista para que le hicieran exámenes completos, y no se encontró ningún bulto en ninguna parte. El especialista dijo simplemente: "No hay nada allí. No es necesario que vuelva a verte hasta que tengas veinte años".

En nuestra crisis clamamos a Dios por la salud de nuestra hija. Declaramos con valentía con pies fríos que Dios es su sanador. Podríamos habernos rendido al temor y haberla sometido a cirugía y a otros tratamientos. Pero Dios estaba allí para nosotros cuando nos atrevimos a invocarlo en nuestra aterradora crisis.

Desearía que cada historia terminara con un

milagro o sanidad, pero no siempre sucede así. A veces Dios lo hace experimentar el horno de fuego en vez de librarlo de él.

En condiciones atemorizantes usted puede calmar sus miedos y llenar su corazón de valentía para enfrentar los desafíos de la vida, centrándose en la Palabra de Dios. Usted tiene que decidir convertirse en un guerrero y no en un aprensivo. Puede utilizar las promesas de la Palabra de Dios para vencer la preocupación y vivir audazmente.

Vivimos en tiempos desafiantes que harán de usted un guerrero o un aprensivo. No habrá término medio. Cuando escuche malas noticias económicas, enfrente una crisis de salud, o esté tentado a preocuparse por sus hijos, elija luchar contra el miedo con la Palabra de Dios en vez de preocuparse y temer lo peor. Cuando lleguen los problemas, cuando los tiempos difíciles impacten su vida, niéguese a encogerse de miedo.

> Usted tiene que decidir convertirse en un guerrero y no en un aprensivo.

¿Qué hará si recibe un mal informe de su médico, si ve una enfermedad en su radiografía, o si recibe una carta de despido de su empleador? ¿Cómo reaccionará si se enfrenta a una ejecución hipotecaria? Ya sea que su matrimonio, sus hijos, sus finanzas o su salud estén en crisis, usted tiene que decidir convertirse en un aprensivo o en un guerrero.

No entiendo por qué la gente tiene que pasar por esas cosas. No entiendo por qué el cáncer ataca a buenas personas que no han fumado ni un día en su vida, o por qué tienen que afrontar los efectos secundarios de la radiación y del tratamiento. ¿Qué hace usted en esos tiempos difíciles? O cede al temor y deja que destruya su paz y su bienestar, o se convierte en un guerrero contra él.

Ser un guerrero no significa que usted nunca sienta temor por la incertidumbre de todo lo que pudo o podría suceder. Pero cuando el temor amenace asaltar su mente, comience a declarar como lo hizo David: "En el día que temo, yo en ti confío" (Salmos 56:3). En el momento en que declare su fe, Dios estará muy cerca de usted.

VALENTÍA CON PIES FRÍOS

¿Recuerda la historia de Benaías que compartí anteriormente? Él fue un héroe que vivió en tiempos del reinado de David y se convirtió en uno de los valientes del rey. La Biblia dice que mató a un león en un pozo un día que estaba nevando. Tuvo la valentía de saltar a un pozo con nieve donde estaba un león y luchar con él hasta la muerte. ¡A eso lo llamo valentía con pies fríos!

En inglés, cuando decimos que tenemos "los pies fríos", nos referimos a que tenemos miedo de hacer algo. Valentía es hacer lo que usted teme hacer. No es actuar sin sentir ningún temor. Alguien dijo: "La valentía es el temor que ha dicho sus oraciones".[4]

Cuando oye a Dios y Él le dice que haga algo, en ese momento usted está lleno de fe. Eso afirma su columna vertebral como el acero. ¡Ha oído a Dios! Luego, cuando usted se mueve en fe, se encuentra con el león que está a punto de atacar.

El apóstol Pedro nos dice que estamos en guerra con un león: "Sed sobrios, y velad; porque vuestro adversario el diablo, como león rugiente, anda alrededor buscando a quien devorar" (1 Pedro 5:8). Es así como usted obtiene valentía con pies fríos. Pero está bien. Mark Twain dijo: "La valentía es resistencia al temor, control del temor, no ausencia de temor".[5]

En estos tiempos difíciles Dios necesita hombres y mujeres que tengan el valor de decir: "Dios dijo que lo hiciera, ¡y lo voy a hacer!". Aunque tenga que hundirse en la nieve hasta las rodillas y luchar con un león, usted dice: "¡Adelante! No voy a retroceder de miedo, ¡porque yo sé lo que Dios me dijo! Puedo tener valentía con pies fríos, pero el león no me va a vencer, ¡yo lo voy a vencer a él!". ¡La verdad es que no hay verdadera valentía a menos que usted tenga temor!

Luchas desiguales

Si usted tiene que luchar con un león, parecería preferible elegir un día soleado y cálido en vez de uno nevoso y frío. Pero no elegimos el momento de la lucha—el enemigo lo hace—y es una lucha desigual. No hay nada equitativo en una lucha entre un león y un hombre. Obviamente, el león es más fuerte y tiene la ventaja, pero a Dios se lo conoce por poner a su gente en luchas desiguales.

No había nada equitativo entre Josafat y su ejército cuando marchaban hacia el acero reluciente del ejército sirio encabezados por su equipo de alabanza. Obviamente él nunca estudió estrategia de guerra en West Point. A un general de cinco estrellas le daría un paro cardíaco de solo pensar que debería poner los instrumentos musicales al frente del ejército que marcha a territorio enemigo. ¿Qué oficial militar consideraría tratar de derrotar al enemigo con un violín, un arpa y una pandereta?

No había nada equitativo cuando los hijos de

Israel marcharon alrededor de las inexpugnables murallas de Jericó como estrategia de guerra, o cuando David y su honda enfrentaron al gigante Goliat. Pero su "nada", más la "omnipotencia" de Dios es igual a gigantes cayendo, muros cayendo, ejércitos emboscándose a sí mismos, y victoria en cada batalla que Él le da para luchar. Así que ¡mucho ánimo!

Usted puede sentir que no puede competir con el diagnóstico que le han dado. Usted puede sentir que esta situación lo va a superar. Pero le tengo buenas noticias: cuando usted está haciendo frente a adversidades insuperables, ese es el ámbito de la audacia. Ese es el lugar para la valentía con pies fríos.

¡Sé de lo que hablo, amigo! Cuando Dios me dijo que fuera a Gainesville a pastorear Free Chapel, fui con valentía con pies fríos. Cuando me dijo que construyera una iglesia, dos millones y medio de dólares parecían como veintinueve millones de dólares. Nuestra congregación avanzó con valentía con pies fríos. Luego, cuando compramos más tierra por cinco millones de dólares, tuvimos que volver a armarnos de valor para vencer el miedo. Y cuando comenzamos a construir un santuario por diecisiete millones de dólares, dije: "Aquí estoy de nuevo, avanzando con valentía con pies fríos".

Si su valentía tiene los pies fríos en este momento, comience a recordar las oportunidades de su vida en que Dios vino en su ayuda en situaciones que parecían imposibles. Piense en otras ocasiones en que usted caminó en fe y Él estuvo ahí para satisfacer sus necesidades. Aliéntese en el Señor. Obtenga la segunda, tercera y cuarta opiniones que necesita respecto a su problema. Asegúrese de conocer todas sus opciones. Pero luego ore y pídale a Dios sabiduría en la manera de abordar su tratamiento. Entonces, cuando usted haya "hecho todo", dice la Biblia, "esté firme". Afírmese con valentía, sabiendo que puede confiar completamente en Dios.

Déjeme que le diga lo que ocurre al hacer esto. Cuando usted llega al ámbito de lo milagroso, y ha hecho todo para estar firme en lo que Dios dijo, usted comienza a ver milagros. Los milagros ocurren en el territorio de los milagros.

Dios responde a la valentía que se demuestra en medio del temor. Usted puede ganar su "desigual" batalla con audacia.

Usted tiene que decidir tomar la Palabra de Dios y sus promesas, creer en su gran amor por usted, e ir a la guerra con esas armas. Él le dará coraje si usted elige superar el miedo y luchar por la victoria, por la victoria de su familia, y por cualquier lucha "desigual" que el enemigo haya preparado en su contra. No se entregue a la preocupación. Declare que usted es un guerrero, y dígale en la cara al león: "Escrito está...". Lo animo a que haga esta oración cuando decida ser un guerrero victorioso:

> *Querido Jesús, perdóname por permitir que mi mente se llenara de temor. Ayúdame a convertirme en un guerrero en vez de un aprensivo. Elijo obedecer tus órdenes y avanzar con valentía aún cuando tenga miedo. Digo con David: "En el día que temo, yo en ti confío". Creo que voy a empezar a ver milagros en mi vida cuando tomo tu Palabra y creo tus promesas, declarando ante el enemigo: "Escrito está". Gracias, Señor. Amén.*

7

NO TEMER A LA MUERTE
Y A LA ETERNIDAD

L A MUERTE NOS acecha a todos. Es un enemigo formidable. Podemos tratar de ignorarla, pero tarde o temprano la atadura de la muerte nos trae a todos de vuelta a la realidad. Al principio, cuando nacemos, somos frágiles. Luego por un momento somos fuertes. A veces somos engañados por la resistencia de nuestra juventud e ignoramos nuestra mortalidad hasta que finalmente, sin falta, todos nos encontramos con que la gangrena de la enfermedad roe alguna parte de nuestro cuerpo. Al final volvemos a ser frágiles, y morimos.

Si se le hubiera dado rienda suelta, hace mucho tiempo que el negro gigante de la muerte habría lanzado este planeta a través del espacio como un barco abandonado. Pero en un establo de Belén, al alcance del oído de los bueyes y bajo el brillo de una estrella resplandeciente, de una adolescente campesina ¡nació el antagonista de la muerte! La muerte había imperado durante seis mil años, ¡pero Jesús la venció en tres días! Haciendo sonar las llaves de la muerte y del infierno, Jesús resucitó al tercer día, diciendo: "Yo soy el primero y el último; y el que vivo, y estuve muerto; mas he aquí que vivo por los siglos de los siglos" (Apocalipsis 1:17-18).

Se cuenta una leyenda sobre un misionero de Brasil que descubrió una tribu de indígenas que vivían en una parte remota de la selva junto a un gran río. Los nativos estaban convencidos de que el río estaba lleno de espíritus malignos y, en consecuencia, tenían miedo de cruzarlo. La enfermedad proliferaba entre la población, y todos los días morían algunos. Necesitaban desesperadamente medicinas, o toda la tribu perecería. La única manera de obtener ayuda era atravesar el río que los aterrorizaba cruzar.

El misionero explicó a la tribu que el río no estaba embrujado y que no era malo. Pero fue en vano. Así que se metió al río, salpicándose con el agua y diciéndoles nuevamente: "Miren, no es malo. No deben tener miedo de cruzar el río". Pero, nuevamente, fue en vano. Así que se metió en el río y dio vueltas en redondo. Mirándolos de nuevo, les hacía señas para que entraran al agua. Pero sus palabras caían en oídos sordos.

El misionero estaba tan consumido por la pasión de verlos bien y sanos que, en su desesperación, se sumergió en el río oscuro y embravecido. Nadó por debajo de la superficie hasta llegar al otro lado, y cuando logró subir a la orilla, alzó su puño triunfante en el aire, mirando a los nativos parados al otro lado del río. Cuando lo hizo, se oyó levantarse un gran clamor, y uno tras otro los miembros de la tribu entraron al agua y empezaron a nadar por el río que tanto habían temido.

El misionero tuvo que convertirse en un ejemplo de victoria sobre el terror a ese río para liberar a la tribu que lo temía. De la misma manera Jesucristo, por su muerte y resurrección, nadó por el río de nuestro enemigo final llamado muerte. ¡Y salió triunfante al otro lado! ¡No tenemos nada que temer! Cristo ya ha hecho un camino para que nosotros crucemos a salvo al otro lado.

Así que, por cuanto los hijos participaron
de carne y sangre, él también participó de
lo mismo, para destruir por medio de la
muerte al que tenía el imperio de la muerte,

> esto es, al diablo, y librar a todos los que
> por el temor de la muerte estaban durante
> toda la vida sujetos a servidumbre.
>
> —HEBREOS 2:14-15

El cielo es un lugar donde cada casa es una mansión, cada paso es una marcha en unidad, cada comida es un banquete, cada momento es éxtasis, cada hora es embeleso y cada día es jubileo. No habrá fiebre, ni dolor extenuante, ni hospitales llenos de quienes esperan morir. No habrá tristes despedidas.

Aquí en la tierra algunos de nosotros retenemos las lágrimas, otros lloran con los corazones quebrantados, y otros despiden a sus seres queridos con silenciosa determinación. Pero la Biblia dice que en el cielo: "Dios enjugará toda lágrima de los ojos de ellos" (Apocalipsis 7:17). Esto enseña que el último aliento aquí, ¡será nuestro primer aliento allá! Y el cielo es un lugar en el que nunca diremos adiós.

De hecho, la Biblia dice que no podemos imaginar lo maravillosa que será nuestra vida en el cielo. Jesús les dijo a sus discípulos que iba a preparar un lugar para ellos para que pudieran estar donde Él está (Juan 14:2). Y el apóstol Pablo dijo: "Cosas que ojo no vio, ni oído oyó, ni han subido en corazón de hombre, son las que Dios ha preparado para los que le aman" (1 Corintios 2:9).

La única pregunta que queda para que usted responda es la siguiente: ¿A dónde iré yo cuando muera? La Biblia dice que hay dos opciones para su futuro en la eternidad: un estado de felicidad en el cielo, o el tormento eterno en el infierno.

Por supuesto, usted puede optar por no creerle a la Biblia. Pero si esta es verdad, y esas son sus dos únicas opciones para vivir por siempre después de la muerte, eso significaría que usted tiene una probabilidad del 50 por ciento de tener razón. ¿Qué pasa si se equivoca? Si hay vida después de la muerte, si el cielo y el infierno son reales, ¿cómo será para usted? ¿Debería estar lleno de temor o de expectativa?

¿DEBERÍA USTED TEMER A LA MUERTE?

Según investigaciones, la mayoría de la gente admite tener cierta ansiedad acerca de la muerte. Los patrones de ansiedad ante la muerte muestran que:[1]

- Las mujeres tienden a presentar niveles algo más altos de ansiedad relacionada con la muerte.

- Las personas mayores, en general, parecen tener menos ansiedad ante la muerte.

- Las personas con trastornos mentales y emocionales tienden a sufrir un mayor nivel de ansiedad ante la muerte.

- La ansiedad acerca de la muerte puede aumentar temporalmente a un nivel mayor en personas que han estado expuestas a situaciones traumáticas.

Si usted es como la mayoría de la gente que no quiere pensar en la muerte, ¿qué le causa mayor preocupación? ¿El miedo a un accidente de aviación? ¿A un ataque terrorista? ¿A caerse desde una altura? Si es así, usted no es el único. Estas son algunas de las causas de muerte más temidas. Sin embargo, la probabilidad de morir por tales causas es remota. Estos son los hechos:[2]

PROBABILIDAD DE LAS CAUSAS
DE MUERTE MÁS TEMIDAS

El riesgo real de muerte en un accidente aéreo sería de una vez en 19 000 años, si usted volara en avión una vez al día durante 19 mil años.
Entre los años 1580 y 2003 ha habido 1909 ataques confirmados de tiburones. Las posibilidades reales de ser muerto por un tiburón son cero en 264,1 millones.
Las muertes por caídas se estima que matan a 80 personas cada año, principalmente entre personas que trabajan en altura en la construcción.
Históricamente hablando, usted tiene una de 9,3 millones de posibilidades de morir en un ataque terrorista.
La muerte por un desastre natural es menos probable que morir por un incendio o por suicidio.

Una cosa es cierta: todos moriremos. Hasta que Jesús regrese como lo ha prometido y lleve a los creyentes a estar con Él (1 Tesalonicenses 4:17), la única manera de salir de este mundo es la muerte. La Biblia enseña claramente que cuando esto suceda, usted enfrentará uno de dos destinos: vivir eternamente en la presencia de Dios, o vivir eternamente en el infierno con Satanás.

Jesús enseñó abiertamente sobre el cielo y el infierno y dejó en claro que uno de esos lugares sería su destino eterno. Advirtió:

Mas os digo, amigos míos: No temáis a los que matan el cuerpo, y después nada más pueden hacer. Pero os enseñaré a quién debéis temer: Temed a aquel que después de haber quitado la vida, tiene poder de echar en el infierno; sí, os digo, a éste temed.

—Lucas 12:4-5

Esta es la única vez que Jesús nos dijo que temiéramos. Después de todos los "no temáis" que nos dio, se aseguró de que supiéramos que había alguien a quien se debe temer. Esa fue su advertencia para nosotros con el fin de que evitemos la condenación eterna. Eterno significa "para siempre, sin fin". El hecho es que usted va a estar vivo miles de años desde ahora, en alguna parte. ¿Debería tener miedo del lugar donde va a estar?

El infierno es un lugar

El infierno es uno de los temas más difíciles que debo tratar como ministro. No me gusta hablar del infierno. Pero cuando leo las palabras de Jesús, me recuerdan constantemente que existe un lugar llamado infierno, y que es un lugar de tormento eterno. Jesús dijo que el camino a la destrucción era muy ancho y que muchos irían por él (Mateo 7:13).

La mayoría de las personas se niega a pensar en la muerte o en la eternidad. Eligen vivir simplemente en la negación. No piensan en cómo sería estar siempre en el infierno, donde Jesús dijo que el fuego nunca se apaga (Marcos 9:43). Es por eso que Jesús habló mucho acerca del infierno. Sabía que la gente trataría de mantenerlo fuera de su mente. El diablo les ayudaría a hacer precisamente eso, engañándolos, trabajando duro para evitar que crean en Jesús o en el infierno.

Jesús enseñó que la justicia de Dios demanda que haya un lugar preparado para los que rechazan su muerte sacrificial en el Calvario. También dijo que el infierno no estaba preparado para las personas; fue preparado para el diablo y sus ángeles (Mateo 25:41). Dios quiere que nadie perezca (2 Pedro 3:9). Es por eso que Jesús vino a morir por nuestros pecados. Todo el que acepta el perdón por el pecado escapará del infierno y vivirá en el cielo con Él para siempre.

> Jesús enseñó que la justicia de Dios demanda que haya un lugar preparado para los que rechazan su muerte sacrificial en el Calvario.

Pero el objetivo del diablo es llevar con él al lago

de fuego a tantas personas como le sea posible. Trabaja para engañarlos y que rechacen la salvación que Jesús vino a dar a todos los que lo aceptan como su Salvador. Él trata de lograr que no crean en su existencia y que se burlen de los que creen.

¿Cómo es la atmósfera del infierno?

¿Cómo va a ser la atmósfera en el infierno? Estará determinada por la clase de gente que va allí. La Biblia dice que estarán allí los borrachos, adúlteros, rebeldes, asesinos, idólatras, hechiceros, mentirosos y toda persona malvada (Gálatas 5:19-21, Apocalipsis 21:8). No es un lugar feliz. Aunque el infierno no fuera un lugar de fuego y tormento eternos, los habitantes crearían allí una atmósfera intolerable.

Jesús describió el infierno en una historia sobre un hombre rico que disfrutó de la buena vida y vivió de manera extravagante y egoísta. Había un mendigo llamado Lázaro, que yacía a su puerta, deseando solo las migas que caían de la mesa del rico. Estaba lleno de llagas y vivía en la miseria. Cuando el mendigo murió, los ángeles lo llevaron al paraíso para estar con Abraham. Después de eso, murió el hombre rico. Jesús dijo que él estaba atormentado en las llamas del Hades.

Entonces el hombre rico miró y vio a Abraham

a gran distancia, y le pidió que Lázaro mojara su dedo en el agua y fuera a refrescarle la lengua. Abraham dijo que no podría ir hacia él a causa del gran abismo que los separaba. El hombre rico quería que alguien volviera y advirtiera a sus cinco hermanos, para que no llegaran a ese lugar de tormento (Lucas 16:20-28). Eso tampoco era posible. Jesús dejó en claro en esta historia que el infierno es un lugar real, y que no hay escape de su tormento.

Jesús se lamentó: "Porque ¿qué aprovechará al hombre si ganare todo el mundo, y perdiere su alma?" (Marcos 8:36). No se trataba de que las riquezas fueran malas en sí mismas. Pero Jesús estaba diciendo que si usted vive para todo lo que el mundo llama "ganancia", puede llegar a perder su alma. Usted debe optar por seguir a Cristo en la tierra para pasar la eternidad con Él.

Es posible que doctores, científicos, médicos, referentes de los deportes, ídolos musicales y cualquier otra persona de notoriedad lleguen a perder sus almas. Nadie está exento de la condenación eterna a menos que acepte la salvación provista por la sangre de Cristo. La Biblia dice que en ningún otro nombre hay salvación (Hechos 4:12). Solo la sumisión al señorío de Cristo le permitirá a usted escapar de los horrores del infierno y asegurarse la vida eterna en el cielo con Él.

Jesús describió el infierno con palabras como *destrucción, condenación, tinieblas de afuera, tormento y fuego eterno.* ¿Se imagina vivir en la oscuridad para siempre? ¿Anhelando el día? ¿Rogando por el alivio de la llama? ¡No se puede vivir mal y morir bien!

Si usted está viviendo mal, morirá mal e irá a un lugar llamado infierno. Es un lugar desprovisto de la presencia de Dios. ¡No hay luz! ¡No hay amor! ¡No hay paz! ¡No hay gozo! La Biblia dice que en el infierno habrá tormento día y noche, por los siglos de los siglos (Apocalipsis 20:10).

No hay salidas del infierno, no hay tiempo fuera por buena conducta. Una vez allí, usted no tiene ninguna salida. Esa es la elección que usted hace mientras está viviendo su vida en la tierra. El terrible resultado de rechazar a Cristo es pasar la eternidad en un lugar terrible, un lugar llamado infierno. ¡El infierno no es broma! Sus amigos pueden burlarse y mandarlo al infierno riéndose, pero riéndose no pueden sacarlo del infierno.

La buena noticia es que la Biblia dice que si usted se arrepiente y acepta a Cristo como su Salvador, Dios borra todo su pecado y ni siquiera se acuerda de él (Isaías 43:25). En otras palabras, Dios dice que si usted se arrepiente, para Él sus pecados dejan de existir. Lo acepta a usted como su hijo perdonado, y le da el privilegio de vivir con Él para siempre. Usted cambia el terrible lugar llamado infierno por el lugar indescriptiblemente maravilloso llamado cielo.

EL CIELO ES UN LUGAR

Jesús enseñó que el cielo también es un lugar. Les dijo a sus discípulos que iba a preparar un lugar para ellos. Dijo que en la casa de su Padre hay muchas moradas. Y prometió llevarlos allí para que estén con Él para siempre (Juan 14:1-2).

¿Cómo es el cielo? La atmósfera del cielo será la esencia del amor puro, porque Dios es amor (1 Juan 4:16). Estará lleno de luz, porque no hay tinieblas en Dios. La paz, el gozo y la justicia reinarán a la luz de su amor.

La Biblia nos da vislumbres del cielo. En varias ocasiones, los cielos se abren para permitir que la gente de la tierra vea dentro. Cuando Jesús fue bautizado, los cielos se abrieron ante Él, y vio al Espíritu de Dios que descendió como paloma y reposó sobre él (Mateo 3:16). Cuando Esteban fue apedreado hasta la muerte, vio que los cielos se abrieron y a Cristo de pie a la diestra de Dios (Hechos 7:56).

Pedro también vio el cielo abierto cuando el Señor le dio una visión para enseñarle que la salvación era para todos (Hechos 10:10-15). El apóstol Pablo fue llevado al tercer cielo, y se le mostraron secretos divinos que él ni siquiera podría compartir (2 Corintios 12:2-4). Y el apóstol Juan vio una puerta abierta en el cielo cuando Jesús le mostró las cosas que vendrán, en el libro de Apocalipsis (Apocalipsis 4:1).

Juan vio la Nueva Jerusalén, que se llama la Ciudad de Dios. Podría decirse que es la ciudad capital del cielo. A Juan se le permitió medirla y encontró que es cuadrada, y de 1500 millas de lado y 1500 millas de alto. Sus cimientos están hechos de piedras preciosas transparentes como el zafiro, el jaspe y el ónice. El radiante sol de la gloria de Dios resplandece en toda esa hermosa ciudad, luz deslumbrante que se refleja a través de esas piedras.

Las calles del cielo están pavimentadas con oro transparente. Hay un río puro de agua de vida, límpida como cristal, que sale del trono de Dios. Junto al río está el árbol de la vida lleno de frutos. Y las hojas del árbol eran para la sanidad de las naciones (Apocalipsis 22:1-2). Sabemos que hay un magnífico salón de banquetes en el cielo, donde Jesús va a comer la cena de las bodas del Cordero con su esposa: todos los hijos y las hijas de Dios.

Estos son solo destellos del maravilloso lugar llamado cielo, que está prometido a todos los que sirven a Cristo en la tierra. Es un lugar de adoración donde habita el Señor del amor. Y no habrá dolor ni lágrimas allí, porque Él enjugará toda lágrima. La bienaventuranza eterna, vivir para siempre con el dador de la vida, es la recompensa que lo espera a usted en el cielo.

La recompensa del cielo

Vivimos muy pocos años en la tierra, aunque vivamos hasta los setenta u ochenta o más. En comparación con la eternidad que no tiene fin, ninguna cosa que debamos sacrificar aquí vale la pena de perder el cielo. El apóstol Pablo dijo: "Porque para mí el vivir es Cristo, y el morir es ganancia" (Filipenses 1:21). Él parecía casi ansioso por dejar atrás este mundo para vivir eternamente con el Señor.

Cuando el apóstol Pablo supo que era tiempo de que muriera, dijo:

> He peleado la buena batalla, he acabado la carrera, he guardado la fe. Por lo demás, me está guardada la corona de justicia, la cual me dará el Señor, juez justo, en aquel día; y no sólo a mí, sino también a todos los que aman su venida.
>
> —2 Timoteo 4:7-8

Era obvio que Pablo no temía la muerte. Por el contrario, estaba lleno de expectativa. Él sabía que iba a estar con su Señor, y que recibiría su recompensa: una corona de justicia. Declaró que su batalla de fe había terminado, y que había vencido.

Promesa de recompensa para los vencedores

Jesús le dijo al apóstol Juan que el que venciere recibirá una piedrecita blanca con un nombre escrito, el cual nadie conoce excepto quien lo recibe (Apocalipsis 2:17). Jesús le estaba hablando a la iglesia de la ciudad de Pérgamo, que había honrado su nombre aunque en el lugar estaba el trono de Satanás (v. 13). Sin embargo, en ese lugar algunos de ellos se habían comprometido con el mal, y Él les ordenó que se arrepintieran. Luego prometió que los que vencieran serían recompensados con una piedra blanca.

¿Por qué una piedra blanca? ¿Qué tipo de

recompensa sería esa? La gente de Pérgamo debía estar muy familiarizada con ese término. Había varios usos de la piedra blanca que la hacían muy significativa para sus vidas.

Justificación

El sistema judicial de esa ciudad tenía un uso especial para una piedra blanca. Cuando alguien era acusado de un delito, tenía que comparecer ante un juez. El acusador venía ante el juez y abogaba el caso en su contra. Después de escuchar a ambas partes, el juez dejaba el patio para un tiempo de deliberación. Durante ese tiempo se dejaba al acusado de pie delante de una pila de piedras blancas rodeado por la gente de la ciudad esperando el regreso del juez.

Cuando el juez regresaba al patio, toda boca callaba y todos los ojos se volvían hacia él. En su mano, el juez tenía una piedra negra, llamada piedra de la condenación, o una piedra blanca, llamada piedra de la justificación.

Si le entregaba al acusado la piedra negra, la gente de la ciudad recogía piedras de la pila y empezaba a apedrearlo hasta la muerte en el patio. Pero si le entregaba una piedra blanca, significaba que se retiraban todos los cargos en su contra. El acusado era justificado, era hallado inocente, y debía ser puesto en libertad. Le quitaban las cadenas y lo dejaban en libertad. Se le había dado la piedra blanca de la justificación.[3]

Jesús prometió una piedra blanca a todo aquel que venciere el mal de su cultura. Los que honraran a Cristo y se rehusaran a transigir serían justificados. Y Él lo personalizó. Esa piedra blanca tendría un nombre escrito, solo conocido por la persona que lo recibiera.

Alguien ha dicho que ser *justificado* significa vivir en total libertad, *"como si yo nunca* hubiera pecado". ¡Qué recompensa celestial promete Jesús a cada creyente! Cuando sus pecados son cubiertos por la sangre de Jesús, usted es justificado, liberado de toda culpa, ¡como si nunca hubiera pecado! ¡No más culpa! ¡No más condenación!

Victoria

La piedra blanca también se usaba en esa cultura para premiar la victoria. Cuando sus ejércitos regresaban de combatir con otra nación, los habitantes de la ciudad se alineaban en las calles para dar la bienvenida a sus héroes de guerra. El rey de la ciudad entregaba a los líderes del combate piedras blancas, que eran equivalentes a nuestras medallas de guerra.

No todo el mundo merece recibir una medalla de "piedra blanca", solo los que libraron la batalla. Ese es un hecho significativo para todos los cristianos que buscan vivir la vida sin temor. Si usted gana la batalla hoy, será promovido mañana. Viene un día en que cada creyente estará de pie ante Dios para que su obra sea juzgada. Eso no determinará si usted va al cielo o no. Eso fue determinado por su decisión de ser justificado por la sangre de Cristo. Pero el juicio por su trabajo determinará su recompensa.

Dios tiene un sistema de auditoría. Él juzgará lo que usted haya edificado sobre el fundamento de Jesucristo. "Y si sobre este fundamento alguno edificare oro, plata, piedras preciosas, madera, heno, hojarasca, la obra de cada uno se hará manifiesta; porque el día la declarará, pues por el fuego será revelada; y la obra de cada uno cuál sea, el fuego la probará" (1 Corintios 3:12-13).

Cuando el fuego queme la madera, el heno y la hojarasca, lo que quede será recompensado. Algunos serán salvos, pero no tendrán recompensa por sus obras. Es importante lo que usted hace en la vida para edificar el Reino de Dios. Los que viven una vida de calidad en sumisión al señorío de Cristo recibirán su recompensa. El transigir con el mundo pondrá en peligro su recompensa eterna.

¿Usted pasa más tiempo leyendo la Palabra de Dios o leyendo revistas de farándula? ¿Está luchando *por* su familia o *con* ella? ¿Invierte sus recursos generosamente en el Reino o está atesorando para sí mismo? Para recibir una piedra blanca de la victoria, usted tiene que vivir una vida entregada a hacer la voluntad de Dios.

Ciudadanía

La piedra blanca tenía otro significado importante, además de la justificación y la victoria. Para los extranjeros, que no habían nacido en Pérgamo, existía la posibilidad de obtener la ciudadanía por sus acciones nobles. Si una persona mostraba lealtad al rey, se le podía llegar a dar el regalo más preciado que la ciudad concedía a una persona: la piedra blanca de la ciudadanía.

Con ese codiciado premio, una persona era inmediatamente adoptada como un ciudadano con todos los derechos de los nacidos en esa ciudad. Como creyentes en Jesucristo, hemos recibido la piedra blanca de la ciudadanía como nuestra recompensa. Nuestros nombres están escritos en el libro de la vida, y tenemos todos los privilegios de un ciudadano del cielo.

¿Quiere usted pasar la eternidad con el Señor en el cielo? ¿Quiere vivir para siempre en un lugar donde las calles están pavimentadas con oro, donde las mansiones son la morada de los redimidos, donde Dios es la luz, y donde reinan el amor y la paz? ¿Puede usted imaginar un lugar donde no hay lágrimas, ni dolor ni tristeza ni muerte (Apocalipsis 21:4)? ¿Se está haciendo apto para tales recompensas eternas?

¿UNA PIEDRA BLANCA O UN TRONO BLANCO?

El cielo es un lugar real. El infierno es un lugar real. Usted tiene dos opciones para vivir eternamente su vida después de la muerte. Tiene la opción de recibir la piedra blanca de la recompensa en el cielo cuando usted vence. Y tiene la opción de recibir la condenación delante del trono blanco del juicio. ¿Cuál será su elección: la piedra blanca, o el trono blanco?

El apóstol Juan vio un gran trono blanco, que era el trono de Dios. Y vio a todos los muertos de pie delante de él. Luego vio libros, incluso el Libro de la Vida, abierto ante ellos. Los muertos fueron juzgados según lo que habían hecho en la vida, lo cual estaba escrito en los libros. Cualquier persona cuyo nombre no estaba registrado en el Libro de la Vida era lanzada al lago de fuego (Apocalipsis 20:11-15).

Usted no debe temer a la muerte o a la eternidad cuando ha creído en Jesús para que lo limpie de sus pecados. Su nombre está escrito en el Libro de la Vida. Usted solo tiene que vivir con la expectación del día en que recibirá su recompensa. El apóstol Pablo dijo que estar ausente del cuerpo es estar presente con el Señor (2 Corintios 5:8). Cuando usted muera, vivirá en la felicidad eterna en la propia presencia de Dios.

Pero Jesús mismo dijo que había que temer al que tenía el poder para echarlo en el infierno. Cuando se pone de pie ante el trono blanco del juicio, usted ya no puede defender su caso. El veredicto de culpabilidad ya está vigente si su nombre no se encuentra en el Libro de la Vida. Se basa en la elección de rechazar a Cristo que hizo en vida. Su destino eterno será el de ser lanzado al lago de fuego con el diablo y sus ángeles.

Usted no tiene que enfrentar ese horrible destino. Recuerdo cuando acepté a Cristo como mi Salvador. Entré a la iglesia sabiendo que yo era un alma perdida. Sentí mucha culpa y condenación cuando escuché la predicación de la Palabra. Algo dentro de mí dijo: "No puedo soportar más esto. Voy a casa con Jesús".

En ese instante, Jesús vino a mí como el buen samaritano. Se arrodilló junto a mi alma herida y vertió su aceite sanador. Me recogió, me llevó a un lugar seguro y pagó mi deuda. Se hizo cargo de mí hasta que estuve sano. Y todavía sigue cuidando de mí. Le dijo al Padre: "Pon en mi cuenta todo lo que él necesita. He pagado el precio por todos sus pecados".

> Cuando usted lo hace Señor de su vida, Él lo libera de todo temor a la eternidad y lo reemplaza con expectación de su recompensa.

Esa es la buena noticia del evangelio. Jesús ha pagado el castigo por el pecado, su fracaso, su adicción. Quiere que usted apele a su nombre, para que Él pueda sanar sus heridas y darle completa libertad. Jesús lo justificará, lo hará victorioso y le ofrecerá la ciudadanía del cielo como su hogar eterno. Cuando usted lo hace Señor de su vida, Él lo libera de todo temor a la eternidad y lo reemplaza con la expectación de su recompensa.

APROVECHAR AL MÁXIMO EL "GUIÓN"

Jesús afirmó la existencia del cielo y el infierno en sus enseñanzas. Y nos mostró cómo escapar de la condenación eterna aceptando su sacrificio por nuestros pecados. Si usted ha hecho eso, no tendrá temor a la eternidad. Una vez que haya establecido su destino eterno, lo que más importa es lo que hace con el guión.

Tallados en una lápida, por lo general hay un nombre y fechas: una fecha de inicio y una fecha de finalización. Entre esas fechas hay un pequeño guión. ¿Alguna vez ha pensado en la importancia de ese pequeño guión?

Es un hecho que usted no tiene ningún control sobre esa fecha de inicio. No eligió cuándo nacer. Y tampoco controla la fecha de finalización. Nadie elige cuándo morir. Pero usted sí tiene control sobre el guión que está entre esas fechas. Los años entre la fecha inicial y la final—el guión—representan su vida. Usted está viviendo el guión. ¿Cómo le va con su guión?

La Palabra de Dios le enseña cómo hacer más eficaz su vida en la tierra. Después de aceptar a Jesús como su Salvador, Dios le revelará su destino personal cuando usted lo busque en oración y en su Palabra. No hay mayor gozo, ni mayor libertad del tormento del temor, que cuando usted aprende a caminar en el propósito de Dios para su vida. Es entonces cuando el guión se vuelve más eficaz y satisfactorio. Como buen administrador del don de la vida que Dios le ha dado, usted aprenderá a edificar bien sobre el fundamento de Cristo. Y será apto para las recompensas del cielo que Él les promete a los que vencen.

Cuando su vida está en las manos de Jesucristo, usted no debe temer la muerte. Él tiene las llaves de la muerte en sus manos. Para quien vive la vida sin temor, la muerte se convierte simplemente en una puerta para entrar a la presencia de Dios, para recibir su recompensa eterna, y para vivir con Él por la eternidad. Usted puede vencer todos los temores que lo han atormentado cuando se rinde a su señorío.

Si quiere experimentar la gloriosa libertad del miedo a la eternidad, lo animo a que haga esta oración. Al hacerlo, puede esperar vivir una vida totalmente libre de temor:

> *Querido Señor Jesús, acepto el perdón de mis pecados por la sangre de Cristo. Y te doy mi vida para tus propósitos. Estoy*

decidido a vivir una vida sin temor y a establecer el Reino de Dios en mi vida, en mi familia, en la iglesia y en el mundo. Gracias por darme la promesa de la recompensa eterna y por liberarme del temor a la eternidad. Yo sé que, por tu gracia, mi nombre está escrito en el Libro de la Vida, y que recibiré la piedra blanca del vencedor. Permíteme vivir con la expectación de mi hogar eterno contigo en el cielo. Amén.

8

SU REFUGIO CONTRA EL TEMOR

¿A DÓNDE VA USTED cuando necesita sentirse seguro? ¿Qué hace para obtener alivio cuando se enfrenta a situaciones amenazantes? ¿Se vuelve hacia la comida para consolarse? ¿O al alcohol? ¿O a las píldoras? ¿Visita a un psiquiatra? ¿O va al centro comercial o enciende el canal de compras para gastar dinero?

Muchas personas sufren terribles adicciones que desarrollaron para tratar de hacer frente a sus temores. Algunos se convierten en adictos al trabajo. Otros son adictos a los medios de comunicación de diverso tipo. Algunos escapan a la televisión, convirtiéndose en adictos a ella. Muchos pasan todos los días horas en la internet, en Facebook, en Twitter y en Instagram. ¿Cómo escapa usted de la presión y la ansiedad de su vida?

Le tengo buenas noticias. Dios tiene un lugar seguro donde usted pueda vivir para dejar de tener temor. No tiene que escapar hacia una adicción peligrosa para obtener alivio de la preocupación y el miedo. Él quiere rescatarlo de todo temor que atormente su mente y sus emociones.

Dios quiere ser su amoroso Padre celestial. A Él le encanta que sus hijos vengan corriendo a sus brazos en busca de consuelo y protección. La Biblia nos da hermosas ilustraciones de ese lugar seguro. David escribió muchos de los salmos, pero uno de los más bellos salmos acerca de nuestro refugio contra el temor fue escrito por Moisés.

En el Salmo 91, que he incluido en su totalidad en el apéndice de este libro, Moisés describe el lugar seguro donde usted estará libre del temor, y de todos los ataques del enemigo contra su vida. Él lo llama la "sombra del Omnipotente". En lenguaje moderno usted podría llamarlo su propio hogar en la presencia de Dios. La buena noticia es que cuando usted corre a la sombra de Dios, Él lo protege de todo mal con su gran poder. Él quiere que sepa que nunca más tendrá que vivir con miedo. Esa es la vida audaz.

La sombra del Omnipotente

Pero, ¿qué es exactamente la sombra del Omnipotente? El desierto donde Israel vagó durante cuarenta años era en verdad un desierto sumamente caliente. Allí no había sombra, excepto la provista por las tiendas de campaña en que vivía la gente. Como pueblo nómada, su único refugio del sol ardiente era la sombra de sus tiendas. De modo que entendían esta impactante metáfora que Moisés usó para describir su lugar seguro en Dios: a la sombra del Omnipotente.

Para apreciar realmente lo que Moisés estaba diciendo, es necesario que usted entienda la ley de hospitalidad que Dios le dio a su pueblo. Era una ley que les decía cómo tratar a los extranjeros que llegaran a su campamento.

Si usted estaba perdido en el desierto, tenía hambre, sed o necesitaba protección de un enemigo, podía ir al campamento de Israel. Los hijos de Israel estaban obligados a darle la ayuda que necesitara a causa a la ley de hospitalidad. El proceso era sencillo.

En primer lugar, usted debía averiguar el nombre del pastor principal. Luego iba y asía la cuerda de su tienda de campaña, y comenzaba a clamar por su ayuda. Cuando usted hacía eso, la ley de hospitalidad exigía que él lo hiciera entrar y lo ayudara. Usted podía encontrar seguridad a la sombra de su tienda de campaña.

Todo Israel entendía que cuando llevaban a alguien a su vivienda, tenían que protegerlo con su vida. ¿Recuerda cuando los ángeles fueron a rescatar a Lot del juicio de Dios sobre Sodoma? Lot invitó a los ángeles a entrar a su casa. Entonces los hombres malvados de la ciudad llegaron a la casa. Amenazaron con destruirla si no dejaba que los ángeles salieran para poder abusar de ellos. En lugar de ceder a estos hombres, Lot les ofreció a sus hijas vírgenes. (Vea Génesis 19).

Como padre de cuatro preciosas hijas, yo no podía comprender el ofrecimiento de Lot de cambiar a sus hijas por el bienestar de los huéspedes de su casa. ¿Cómo podía permitir que sus hijas fueran violadas por esos malvados? Pero la ley de hospitalidad requería que Lot protegiera a esos ángeles con su vida. Él los había invitado a su casa, y era responsable de su seguridad. Lot tenía que hacer todo lo posible para rescatarlos del peligro.

En el cántico de Moisés, él muestra esa misma hospitalidad divina que lo rescatará a usted del temor. Cuando entre a su presencia e invoque su nombre, Él irá hasta lo sumo para protegerlo de todo mal.

El nombre divino El Shaddai se traduce al español como Dios todopoderoso. Esto describe su poder para protegerlo: ¡tiene todo el poder! Él tiene el poder de un león para devorar a sus presas y defenderlo a usted de todo enemigo. El Shaddai puede rescatarlo de todo mal. Todo cuanto usted debe hacer es invocar su nombre y tirar de la cuerda de su tienda.

CRISTO, NUESTRO PASTOR PRINCIPAL

¿Recuerda la mujer con el flujo de sangre? Ella creía que si solo podía tocar el borde del manto de Jesús, sería sanada. ¿Qué era ese borde? Era la cuerda de la tienda. Ella corrió a Jesús para buscar la sanidad que necesitaba. Cuando tocó su manto, Jesús supo que alguien había jalado esa cuerda. Inmediatamente se dio vuelta para ver quién lo había tocado.

Los discípulos se disgustaron. Señalaron que con tanta gente en la multitud que lo rodeaba, todos lo tocaban. Pero Jesús sabía la diferencia entre la apiñada multitud y el toque de una mujer que había corrido a su sombra. Ella había buscado tocarlo con un propósito: el clamor de su corazón por la ayuda divina. Jesús reconoció la fe de ella y la declaró sana de su enfermedad de doce años.

¿Usted necesita ser rescatado del temor? ¿De la enfermedad? ¿De los problemas financieros? Jesús contestará tiernamente su clamor por ayuda. Todo su poder está a su disposición cuando usted corre a su sombra. Usted puede tener todas las promesas que Moisés describe en su cántico, en el nombre de Jesús. A la sombra de Cristo hay sanidad y salud, bendición y favor, y protección de todo mal.

Su ciudad de refugio

Dios le dijo a Josué que construyera seis ciudades de refugio como lugares seguros para que los culpables pudieran acudir a ellas. Según la Ley, era legal que un miembro de la familia tratara de matarlo para hacer justicia por la persona que usted había matado. Pero cuando usted mataba a alguien accidentalmente, podía correr a una ciudad de refugio para esconderse. (Vea Josué 20.)

Cuando se les decía a los líderes de la ciudad lo que había pasado, ellos estaban obligados a protegerlo a usted de la venganza de su enemigo. La única condición era que usted no dejara la ciudad de refugio hasta que muriera el sumo sacerdote.

Cuando eso sucedía, usted estaba libre para volver a su familia y tomar todo lo que había perdido por causa de su culpa.

Jesucristo es llamado el Sumo Sacerdote de nuestra fe (Hebreos 3:1). Cuando usted corre hacia Él en busca de refugio, Él le pide que confiese lo que ha hecho. Entonces le ofrece perdón y le da su protección. Él ha pagado por su perdón, llevando toda su culpa en la cruz del Calvario. Lo ha liberado de todo lo que en su pasado dice tener derecho para destruirlo, juzgarlo y condenarlo.

Cristo restituirá todo lo que usted perdió como resultado del poder del pecado en su vida. Él es su Sumo Sacerdote. Usted puede entrar en un pacto de bendición sobre su vida cuando invoca su nombre. A medida que aprende a morar en Cristo, usted puede vivir la vida libre del temor, libre del destructivo poder del pecado.

No temer pese a los ataques

Por supuesto, Dios nunca le prometió una vida sin problemas. Usted no puede evitar los ataques del enemigo contra su vida. Antes de finalizar este libro, quiero estar seguro de que comprende cómo vencer sus amenazas. Hay tres clases de ataques que el enemigo usa para amenazarlos a usted y a su familia.

El ataque esperado (el león)

En el cántico de Moisés se describe cómo Dios lo protege contra el león. En un capítulo anterior hablé sobre el león como imagen de una lucha desigual, tal como una enfermedad que amenaza la vida. Pero en el Salmo 91, el león también representa la amenaza de los ataques esperados contra su vida y su familia. Cuando está en presencia de un león, usted espera ser atacado. No hay sorpresas aquí. La vida completa viene con problemas incorporados.

¿Está afrontando problemas de relación en su familia, problemas en sus finanzas, en su salud o en su ministerio? Entonces necesita recibir la protección de Dios para ese ataque esperado del león.

La Biblia se refiere a Satanás como un león rugiente: "Sed sobrios, y velad; porque vuestro adversario el diablo, como león rugiente, anda alrededor buscando a quien devorar" (1 Pedro 5:8). Como creyente, puede esperar que vengan ataques del enemigo, sin importar quién sea usted. No debe sorprenderse—ni atemorizarse—cuando es atacado, porque la Biblia dice que eso ocurrirá.

En lugar de ceder al miedo, usted debe ponerse de

pie e invocar el nombre del Señor. Él ha prometido protegerlo cuando usted lo haga. Manténgase firme contra el plan de destrucción del león. "Al cual resistid firmes en la fe" (v. 9).

Usted no debe temer el esperado ataque del león. Dios le ha prometido victoria sobrenatural sobre todas las amenazas del enemigo. Corra a su sombra, y use su maravilloso nombre para vencer los ataques esperados del enemigo.

El ataque inesperado (la serpiente)

Moisés declaró que Dios lo protegería de las serpientes. Una víbora yace quietamente bajo una roca o detrás de un arbusto y lo ataca cuando usted menos lo espera. Esto representa el inesperado ataque del enemigo. Cuando usted es atacado por una víbora, dice cosas como: "¡Guau, no me lo esperaba!", ya sea ese accidente, esa pérdida de empleo, ese problema relacional. "La serpiente estaba allí debajo de esa roca, y no vi su ataque".

Usted sabe lo aterrador que puede ser ese ataque inesperado. De alguna manera el elemento sorpresa lo toma con la guardia baja. Usted siente un temor abrumador en ese momento. Pero no tiene que agitarse cuando la serpiente ataca inesperadamente. Corra a la sombra de El Shaddai. ¡Es necesario que usted sepa que los milagros pueden ocurrir tan repentinamente como las tragedias! ¡Sencillamente invoque el nombre del Señor!

Haga lo que hizo el apóstol Pablo cuando la serpiente mortal alcanzó su muñeca y él se la quitó sacudiéndola al fuego. (Vea Hechos 28). Cuando un ataque de serpiente del enemigo lo golpee, no deje que lo muerda, ¡sacúdasela de encima!

Si la víbora intenta morder su mente, llenándola de miedo, de resentimiento, de ira o de falta de perdón, sacúdasela de encima. No le permita ganar ventaja sobre usted escuchando sus arteras acusaciones. El diablo tratará de robarle su paz y su gozo, sus relaciones y su fe en Dios. Tratará de golpear a sus hijos, sus finanzas y su futuro.

Corra a la tienda de El Shaddai, y permítale que limpie su corazón de la mordida de la víbora. Él destruirá los efectos traumáticos del ataque inesperado sobre su vida. Dios le restituirá todo lo que el enemigo ha tratado de robarle.

Satanás es el ladrón del gozo. Sus ataques inesperados pueden quitarle su gozo a mordiscos. Él quiere que cada mañana al levantarse usted deteste su vida. Eso puede pasarle a cualquiera de nosotros. La depresión siempre se cierne sobre nosotros, pero usted no tiene que tomarla. Simplemente declare:

"El Señor es mi refugio. El Señor es mi vida. El Señor es mi lugar seguro". La Biblia dice que a su diestra hay delicias para siempre (Salmos 16:11). Dios quiere que usted sea un hijo feliz y despreocupado que vive en su presencia.

Satanás quiere robarle su paz. Oré con una persona que estaba siendo atormentada por espíritus demoníacos. Le impedían dormir por la noche, robándole su paz. Yo le dije: "Solo hay un lugar donde se puede estar seguro. Puede ir a un psiquiatra, pero ellos no pueden hacer que usted esté seguro. Puede tratar de obtener alivio con medicamentos o con alcohol, pero solamente encontrará el verdadero lugar seguro a la sombra de El Shaddai, el Dios todopoderoso".

Yo sé lo que es ser atacado por demonios. Lo he experimentado de primera mano. Pero es entonces cuando corro hacia El Shaddai. Tiro de la cuerda de su tienda e invoco su nombre. En ese lugar de seguridad divina todos los ejércitos y ángeles del cielo se ponen de pie y declaran: "¡Él está bajo la sombra del Omnipotente! ¡Tenemos que rescatarlo!".

El ataque infundado (el dragón)

Moisés además describió cómo Dios lo protege a usted del temor al dragón (Salmos 91:13). El dragón, en el idioma hebreo original, se refería a un monstruo marino o terrestre, una ballena, o una criatura serpentina.

Cuando yo era niño, en la escuela miraba mapas de la civilización antigua que tenían imágenes de dragones. Los marinos que exploraron el mundo no iban a los lugares donde se encontraban los dragones. Tenían miedo de ir más allá de un cierto punto que no había sido explorado por temor a ser devorados por un monstruo marino.

Esa es la forma en que el diablo trata de intimidarlo. Mediante el temor a lo desconocido le impide ir más allá de un cierto punto en su caminar con Dios. "No sueñes más allá de este punto". "No trates de alcanzar algo más, porque el dragón te devorará", le sisea para evitar que usted persiga su sueño. Pero con Dios no hay límites, solo posibilidades.

Como los hijos de Israel estaban en medio de un desierto, parece sumamente improbable que tuvieran que enfrentarse a un dragón. Sin embargo, Dios quería que supieran que estaban protegidos de una bestia tan amenazante.

Esa improbable amenaza del dragón representa sus temores infundados a un ataque. Aunque la posibilidad de ese ataque sea remota, la amenaza del enemigo puede intimidarlo en su mente. Usted sufre las mismas punzadas de preocupación y miedo que si fuera a ocurrir.

Ataques infundados. Temores infundados. Usted tiembla por dentro y dice: "Sé que está por ocurrir. Me ha estado yendo bastante bien por un tiempo, pero recuerdo a mi papá. Le fue bien por un tiempo, y después siguió arruinándolo todo. Yo podría ser como él".

Satanás trata de plantar en su mente toda clase de infundados temores y preocupaciones sobre cosas que son altamente improbables. Le dirá que usted va a perderlo todo, que sus hijos se están yendo al infierno, o que usted tiene cáncer en algún lugar de su cuerpo. Su objetivo es amedrentarlo con un temor infundado. Pero el poder de Dios es mayor que los temores infundados de Satanás.

> Solo el 8 por ciento de las cosas que le preocupan tiene siquiera probabilidad de ocurrir. La mayor parte de la preocupación y el temor son en realidad mucho ruido por nada.

Solo el 8 por ciento de las cosas que le preocupan tiene siquiera probabilidad de ocurrir. La mayor parte de la preocupación y el temor son en realidad mucho ruido por nada. Pero Satanás es experto en pintar cuadros de desastre inminente.

En el noticiero vespertino usted ve por televisión un accidente aéreo, y tiene previsto volar al día siguiente. El corazón le comienza a latir con fuerza, y considera la posibilidad de cancelar el vuelo. O un pariente tiene un ataque al corazón, y de repente usted siente como si su corazón latiera en forma extraña. Es necesario que usted cambie en su mente esa imagen diabólica y corra a la seguridad que tiene a la sombra de Cristo.

Sus temores infundados pueden referirse a sus relaciones personales. Usted oye la conversación de alguien o piensa en la forma en que lo miró, y el diablo lo hace pensar que en la habitación todos están hablando de usted. Relájese un poco. Usted no es tan importante para todos. (Hablando de mí mismo, cuando estoy predicando, no medito demasiado tiempo en ninguna de las respuestas de mi congregación. Si lo hiciera, podría tener quince o veinte golpes viniendo hacia mí al mismo tiempo.) Ese es el dragón del miedo pintando infundados cuadros de desastre en su cabeza.

Usted tiene que responderle a gritos con la verdad de las Escrituras. Dígale al diablo que usted sabe que Dios lo ama, sin importar lo que la gente piense de usted. Declárele que usted no va a fallar. Use la Palabra de Dios y declare que está siendo "transformado…de gloria en gloria" (2 Corintios 3:18). Dígale al enemigo que el Señor es el autor y consumador de la fe (Hebreos 12:2). Él es su El Shaddai, ¡y eso lo hace a usted libre del temor!

Dios no le prometió que nunca tendría problemas. Pero cuando los problemas vienen, Él quiere que sepa que no debe temer. Usted puede ser valiente en medio de sus problemas. Ningún temor puede existir en el amor de Dios cuando usted mora bajo su sombra.

Dios quiere que usted sepa que cuando entra bajo la protección de su sombra, Él hará hasta lo sumo para cuidarlo. No importa si está lidiando con el ataque esperado del león o el ataque inesperado de la serpiente. No importa si está afrontando el temor a un ataque infundado del dragón. Solo tiene que invocar el nombre del Señor, y Él lo rescatará.

Vivir bajo la sombra segura

Vivimos en un mundo donde hay amenazas de pérdida financiera, tiroteos a diestra y siniestra, raptos de niños. El divorcio, la drogadicción, el cáncer, las filosofías ateas de la Nueva Era, la destrucción nuclear, y muchas otras formas de mal hostigan nuestras vidas.

No es suficiente que usted visite la sombra de Dios cuando está en problemas. Tiene que hacer de la presencia de Dios su propio hogar. La clave del cántico de Moisés es aprender a morar en el lugar secreto, habitar bajo la sombra del Omnipotente. Para escapar de los ataques del enemigo, es necesario que usted siga los principios bíblicos para vivir continuamente en la seguridad de la sombra de Dios.

Confesión

Suelo decirle a mi congregación que "hablar del diablo" trae al diablo a la escena, y "hablar de Dios" trae a Dios a la escena. Siempre habrá cosas que traten de atacarlo para sacarlo de la presencia de Dios, de debajo de su sombra. Pero confesar la verdad de la Palabra de Dios evitará que usted ceda a las mentiras del enemigo.

> Confesar la verdad de la Palabra de Dios evitará que usted ceda a las mentiras del enemigo.

Cuando usted habla victoria, desata el poder de Dios para la victoria. Cuando habla derrota, eso es lo que conseguirá. Para vivir en la presencia de Dios usted debe confesar el poder de Dios para protegerlos a usted y a su familia. Tiene que conseguir algunas estacas de la

Palabra de Dios para clavarlas en su mente y seguir declarando la verdad. Declare las promesas de Dios para su vida.

Adoración

El apóstol Pablo dijo de Cristo: "En él vivimos, y nos movemos, y somos" (Hechos 17:28). Dios quiere que usted viva en constante comunión con Él. Es así como recibe su provisión y su protección constantes.

Usted cultiva la comunión aprendiendo a adorar a Dios en espíritu y en verdad. Alabar a Dios y darle gracias por su amor y su provisión lo mantienen a usted dependiente de Él. Es necesario que reconozca que Él es su fuente de vida. Eso hará que lo siga buscando y viviendo bajo su sombra.

Moisés no tuvo circunstancias muy tranquilas en su vida. Condujo por el desierto a más de dos millones de personas durante cuarenta años. La Biblia dice que el pueblo se quejaba y se rebelaba contra él. A veces querían volver a Egipto o deshacerse de Moisés. Sin embargo, Moisés es llamado el hombre más manso que jamás haya vivido.

¿Cómo lo hizo? Él había aprendido a vivir en la presencia de Dios. Cuando entraba a la tienda para estar en comunión con Dios, todo el pueblo estaba a las puertas de sus tiendas para ver lo que Dios haría. Ellos sabían que él había aprendido a tener comunión con Dios y a escuchar su voz.

El enemigo sabe si usted mora bajo la sombra o solo va allí de visita cuando está en problemas. Él sabe que sus ataques no tienen éxito cuando usted vive en la seguridad de la presencia de Dios. Su comunión con Dios lo mantendrá allí.

Conviértase en un lugar seguro

Cuando Dios derrama su vida en usted, lo renueva y lo bendice, tiene un propósito mayor que su propio bienestar. Él quiere que usted se convierta en un lugar seguro, un "lugar sombreado" para la experiencia de desierto de otra persona. Él permitirá que la gente comience a tirar de la cuerda de su tienda. Y espera que entonces usted abra su corazón ante ellos y vierta en ellos la verdad que ha recibido.

Dios quiere que usted comparta con otros la vida audaz que ha encontrado en Cristo. Él lo ayudará a guiarlos a Cristo y a enseñarles a morar bajo su sombra. Conocerá el gozo de ver sus vidas liberadas del temor y de la destrucción del enemigo.

Cuando Pablo y Silas alabaron a Dios a medianoche en la cárcel, Dios envió un terremoto que abrió las puertas de la prisión. Pero ellos no huyeron como hombres libres. Se quedaron allí y hablaron a los prisioneros y al carcelero sobre la maravillosa libertad que habían encontrado en Cristo. Condujeron a Cristo al carcelero y a su casa.

¡Usted debe recordar que ha sido liberado para llevar liberación a otros! Dios quiere derramar su vida y su poder a través de usted. Él lo usará para que se convierta en un lugar sombreado para rescatar de la destrucción a su familia, a sus amigos y a otras vidas preciosas.

> ¡Usted ha sido liberado para llevar liberación a otros! Dios quiere derramar su vida y su poder a través de usted.

Lo animo a que aprenda a vivir bajo la sombra del Omnipotente. Deje que su corazón responda al amor de Dios, quien quiere rescatarlo y mantenerlo a salvo. Su responsabilidad es invocar su nombre y pedir la ayuda divina.

Querido Señor Jesús, gracias por el lugar seguro que has provisto para mí mediante tu muerte en el Calvario y tu resurrección. Jesús, en este momento invoco tu nombre para que me ayudes. Entrego mi vida a tu cuidado. Déjame conocerte como mi El Shaddai. Por favor, sé para mí la sombra del Omnipotente, el lugar de protección divina contra el mal. Enséñame a vivir allí en continuo compañerismo y comunión contigo. Luego te pido que hagas de mí un lugar sombreado para otras personas que necesitan encontrar un lugar seguro en ti. Gracias, Jesús. Amén.

9

¡USTED TIENE FE PARA ESTO!

Todos hemos experimentado el miedo que nos hace querer dar marcha atrás y jugar a lo seguro. Pero las personas que superan el miedo son las que van a tener éxito en la vida. Ahora que usted ha leído este libro, oro que haya decidido enfrentarse audazmente a la vida. Esto no quiere decir que nunca vaya a sentir miedo, sino que con la ayuda de Dios usted no permitirá que ese sentimiento le impida hacer todo lo que Él lo ha llamado a hacer. Cuando las circunstancias lo abrumen, cuando la pelea parezca desigual, usted podrá mantenerse firme con coraje porque el Dios todopoderoso, El Shaddai, está de su lado. ¡Él está para usted, y es su refugio contra el miedo! Cuando usted tiene miedo, puede confiar en Él. Sea cual fuere el reto, nada es imposible para los que están dispuestos a vivir la vida audaz de la fe en Dios.

Cuando Dios me pide hacer algo que me parece imposible, ¿sabe lo que hago? Me predico a mí mismo para vencer el miedo y la incertidumbre que tratan de controlarme. Cuando me enfrento a una tarea imposible, cuando siento que el trabajo es demasiado grande para mí y que está fuera de mi alcance, me predico a mí mismo tres cosas. Eso me ha ayudado a redefinir la intrepidez y comenzar a vivir la vida audaz. Lo animo a hacer estas declaraciones sobre su situación.

Jesús está con usted

En primer lugar, me predico a mí mismo esta promesa: "Jesús está conmigo, y a Él le ha sido dado todo el poder".

En una de las últimas conversaciones que tuvo con sus discípulos, Jesús les reveló que le había sido dado todo el poder en el cielo y en la tierra. Luego les dio esta promesa: "He aquí yo estoy con vosotros todos los días, hasta el fin del mundo" (Mateo 28:18-20).

Jesús había mandado a estos hombres ir a todo el mundo a predicar el evangelio y hacer discípulos.

Eso debe haberles parecido imposible a hombres que nunca habían salido de su tierra natal. Jesús les estaba diciendo que hicieran algo que ni siquiera Él, el Cristo, había hecho.

En realidad, el ministerio terrenal de Jesús nunca cubrió geográficamente un gran territorio. Si alguna vez ha visitado Israel, ya lo sabe. Usted puede viajar fácilmente de un pueblo a otro en unas pocas horas. Él tenía su sede en Capernaúm, y cruzó el Mar de Galilea, que en realidad es solamente un lago. Se lo puede cruzar en una hora.

Jesús nunca fue a territorio extranjero. Nunca predicó en una nación extranjera. Y sin embargo, mandó a sus discípulos que fueran por todo el mundo. Les dejó todo el trabajo de ganar el mundo para Cristo a estos pocos hombres.

Luego Él subió al cielo en un ascensor lleno de nubes—"¡Nos vemos!"—y ellos se quedaron allí parados, con el mandato de hacer lo que Él nunca había hecho. Su tarea "imposible" era cubrir toda la tierra con las buenas nuevas del evangelio. Pero también tenían esta fabulosa promesa de Jesús: "Yo estoy con ustedes todos los días y tengo todo el poder. Dondequiera que vayan, allí estaré yo, hasta el fin del mundo".

Por lo tanto, cuando usted necesite dar un paso

de fe para cualquier desafío que se le presente, predíquese a sí mismo: "¡Jesús está conmigo, y Él tiene todo el poder!". Jesús quiere que usted capte esa revelación. Le está diciendo: "El infierno no pudo retenerme, la tumba no pudo retenerme, y los demonios no pudieron atraparme. ¡Estoy vivo!". Lo mira a usted y le dice: "¡No retrocedas! ¡No tiembles! ¡No tengas miedo! ¡No te preocupes! ¡Tengo todo el poder!". Todo el poder le pertenece a Dios.

Su desafío personal no es mayor que el de los discípulos de ir por todo el mundo y hacer discípulos. Sea lo que fuere lo que usted afronte, el desafío no es el que manda. No tiene poder sobre su vida. Si Jesús está en su vida, Él tiene todo el poder sobre todos los desafíos que usted enfrenta. Usted nunca será inmune al miedo; lo que tiene que hacer es enfrentarlo.

Cuando me siento débil y asustado y abrumado, me aparto y empiezo a predicarme a mí mismo: "Jentezen, enderézate. Deja de hablar todas esas cosas negativas. ¡Jesús está contigo, y todo el poder está en sus manos!".

> Sea lo que fuere lo que usted afronte, el desafío no es el que manda. No tiene poder sobre su vida. Si Jesús está en su vida, Él tiene todo el poder.

En vez de hablar del

miedo, empiece declarando que el mismo Jesús que estuvo con los tres jóvenes hebreos en el horno de fuego, está con usted. Cuando Nabucodonosor miró dentro del horno y dijo: "¿No echaron a tres varones atados dentro del fuego?", los que lo rodeaban respondieron que sí. Él dijo: "Yo veo cuatro hombres…y el aspecto del cuarto es semejante a hijo de los dioses" (Daniel 3:24-25).

Me gustaría corregirlo: "Sr. Nabucodonosor, él no es *como* hijo de los dioses, ¡Él *es* el Hijo de Dios, y está conmigo en mi horno de fuego!". ¡Él tiene todo el poder!

Por lo tanto, cuando usted teme asumir un riesgo, ¡recuerde que Jesús está con usted! Cuando sus hijos están en crisis, ¡Jesús está con usted! Cuando se enfrenta a desafíos abrumadores en sus finanzas, ¡Jesús está con usted! Cuando se enfrenta a retos en el ministerio, ¡Jesús está con usted! ¡Y Él tiene todo el poder en sus manos!

DIOS ESTÁ EN EL FONDO

Probablemente usted esté pensando: "Dios está en el fondo. ¿Qué significa eso?". Bueno, cuando siento que he tocado fondo y mis problemas son demasiado grandes para que los supere, *Dios está allí.*

Es por eso que la segunda cosa que he aprendido a predicarme a mí mismo es que no importa cuán bajo me lleven las pruebas de la vida, Dios está en el fondo.

Corrie ten Boom, la sobreviviente del Holocausto, ha sido citada diciendo: "No hay ningún pozo tan profundo que el amor de Dios no sea todavía más profundo".[1] Estaba hablando de la experiencia de ella y su hermana Betsie en un campo de concentración nazi, que es el pozo más profundo que un ser humano haya tenido que enfrentar. Pero, ¿qué descubrió ella? Que Dios está con usted en el pozo más hondo, y que su amor puede salvarlo y guardarlo a través de los tiempos más oscuros, más difíciles, no importa cuán desesperadas se pongan las cosas. Dios está en el fondo.

Moisés, al final de su vida, le habló a Israel de cuán grande es Dios. En una especie de discurso a la nación, les dijo que no había Dios como su Dios y que Él cabalga sobre los cielos para ayudarlos (Deuteronomio 33:26). Describió un Dios que está en la cima, por sobre todo, en lo alto, un Dios que es grande y poderoso.

¿Se acuerda de los grandes milagros que Dios hizo en la cima de las montañas? Fue en el monte Moria que Dios se reunió con Abraham e Isaac e hizo su pacto de la sangre del cordero. En el monte Horeb Moisés se encontró con la zarza ardiente. Fue en el monte Sinaí donde Dios le dio los Diez Mandamientos. Y en el Monte Nebo Moisés miró al otro lado y vio la Tierra Prometida. Fue en el Monte Carmelo que Dios envió fuego del cielo para Elías.

Dios es un Dios de alturas, es el Dios de experiencias cumbre. Pero Moisés hizo un cambio de enfoque mientras les hablaba de este gran Dios de los lugares altos. Es como si estuviera pensando: "No puedo dejar a la gente con la idea de que Dios está solo en la parte superior. Él no solo está con la gente cuando todo es victoria, cuando todo va bien".

Luego dijo: "El eterno Dios es tu refugio, y acá abajo los brazos eternos" (Deuteronomio 33:27). La palabra hebrea para "abajo" significa "en el fondo". Así que podría ser traducido como "los brazos de Dios están por debajo de usted en el fondo". No importa cuán profundo sea el valle por el que deba caminar, la presencia de Dios está más hondo. Sus brazos están debajo de usted, en el fondo.

Todos sabemos que Dios está en la cima. Pero lo que debe predicarse a sí mismo cuando enfrente el miedo y la dificultad ¡es que Dios está con usted cuando usted está en el fondo! Le puede parecer que está abajo, pero usted no puede ir tan abajo en la desesperación o la depresión, los problemas o el dolor, que Él no esté allí. Cuando siente que ya no puede bajar más, por debajo de usted están los brazos eternos. ¡Dios no solamente es el Dios de la cima, sino que también es el Dios del fondo!

He aprendido que por debajo de todo lo que hago en el ministerio están los brazos eternos de Dios. Debajo de toda crisis que enfrenta mi familia están los brazos eternos de Dios. Jesús está conmigo, y Él tiene todo el poder, no solo cuando estoy en la cima. Dios está por debajo de mí, no importa cuán profundo sea el reto de la dificultad o el dolor. Esta consoladora verdad me permite vivir sin miedo: ¡Dios está en el fondo!

Lo animo a predicarse esto a sí mismo también. En ocasiones usted puede sentirse como si estuviera en caída libre. Financieramente podría enfrentar la ruina. El informe de un médico puede haberle dado una "fecha de caducidad". Su familia puede estar a punto de separarse. Usted puede haber perdido a su mejor amigo. Puede parecerle que la vida no vale la pena de ser vivida. Cuando se sienta como si estuviera en el fondo, busque a Dios en ese lugar.

Deje que su fe declare que Dios está en el fondo. Por debajo de su punto más bajo, los brazos de Dios están esperando para sostenerlo. Cuando el polvo se asiente, le oirá decir a Dios: "¡Yo siempre estoy contigo!"

DIOS NOS HA DADO A TODOS UNA MEDIDA DE FE

La tercera cosa que me predico a mí mismo es la verdad de la Palabra de Dios que dice: "Dios repartió a cada uno una medida de fe" (Romanos 12:3). Dios no me requerirá nada para lo que yo no tenga fe. Dios me ha dado la medida de fe que necesito para agradarle a Él. Así que, sea cual sea el desafío que estoy enfrentando, me predico a mí mismo: "Tengo fe para ello".

Isaías profetizó que Dios anuncia el fin desde el principio; desde tiempos antiguos, lo que está por venir (Isaías 46:10, NVI). Dios establece su fin para usted y luego vuelve a decirle: "Bueno, vamos a empezar. Si te mantienes en fe, caminarás en mi plan para tu vida, porque ya está establecido. Establecí el fin desde el principio".

Dios le ha dado la fe que usted necesita para comenzar a caminar en su voluntad. Jesús está con usted, y Él tiene todo el poder. Así que cuando tema que su victoria peligre, recuerde estas simples verdades sobre la fe.

1. La fe es importante.

En primer lugar, la fe es importante. Jesús le dijo a Simón Pedro: "¡Simón, Simón! he aquí Satanás os ha pedido para zarandearos como a trigo; pero yo he rogado por ti, que tu fe no falte" (Lucas 22:31-32). Esa fue la oración más importante que Jesús pudo orar por Simón.

Esa es la oración más importante también para usted. No una oración para que tenga el mejor año financiero de su vida. No para que tenga una vida sin pruebas o problemas. Sino la oración para que su fe no falle.

> La fe es más importante que el dinero. Es más importante que una carrera exitosa. Es más importante que la felicidad.

La fe es más importante que el dinero. Es más importante que una carrera exitosa. Es más importante que la felicidad. ¿Por qué? ¡Porque si usted me quita todo lo que tengo, pero me deja mi fe, yo voy a recuperarlo! La fe me va a conectar con la voluntad de Dios. Dios está siempre conmigo, y Él tiene todo el poder. El fracaso nunca será definitivo si mi fe no falla.

Jesús, en efecto, estaba diciendo: "Cuando Satanás te está atacando, la oración más importante que puedo orar por ti es que tu fe se mantenga a través del proceso que estás atravesando, ¡que tu fe no falle!". Recuerde por encima de todo que la fe es importante.

2. No se necesita una gran fe

La segunda cosa acerca de la fe es que usted no necesita tener una gran cantidad de ella para vivir sin temor. Jesús dijo que la fe del tamaño de un grano de mostaza era suficiente para mover una montaña. Luego dijo que con ese tipo de fe, nada sería imposible para usted (Mateo 17:20).

El concepto de "grano de mostaza" era una frase usada en los tiempos de Jesús para describir algo insignificante y pequeño. Pero Jesús lo elevó al decir que solo se necesita ese tipo "insignificante" de fe para hacer lo imposible. No desprecie el día de los pequeños comienzos. Deje que su fe funcione como esa pequeña semilla de mostaza.

Como puede ver, la pequeña semilla de mostaza tiene el poder innato de crecer y superar los obstáculos hasta convertirse en un gran árbol. Ella presiona a través de la oscura tierra, rodeando rocas, desafiando tormentas y evitando animales y otras amenazas para su vida. No es tanto el tamaño sino la calidad de fe lo que usted necesita para tener éxito.

Solo hace falta fe "como un grano de mostaza" para mover algo desde la columna de la imposibilidad a la columna de la posibilidad. Lo único que se interpone entre su imposibilidad y su posibilidad es una semilla de mostaza de fe.

Yo necesito esta pequeña verdad sobre la fe. Vea, yo no tengo mucha fe. Cada vez que tenemos que ampliar el ministerio, comprar otra estación de TV, o hacer lo que Dios dice que hagamos, simplemente tomo mi pequeño grano de mostaza de fe. Ella tiene que presionar a través de los obstáculos.

Yo tomo las decisiones necesarias y siento que estoy obedeciendo a Dios. Luego, cuando las cuentas comienzan a llegar, siento que el miedo crece y me pongo a orar: "Oh Dios, ¿qué vamos a tener que cortar para que esto suceda?". Pero en lugar de ceder a ese miedo, empiezo a predicarme a mí mismo que Jesús está conmigo, que Él tiene todo el poder, y que me ha dado una medida de fe para hacer toda su voluntad. Mi grano de mostaza de fe crece un poco más y supera el miedo.

Usted debe dejar que la semilla de mostaza de su fe crezca y aumente hasta convertirse en un gran árbol que florezca y venza todo temor. Es una fe que no se rinde. La semilla de mostaza de fe es la fe invencible; es la fe que no renuncia. No renuncie frente a la adversidad. Llame a su fe, y véala superar todos los obstáculos.

"¡TENGO FE PARA ESTO!"

Así que cuando me estoy predicando a mí mismo y llego al tercer punto acerca de la fe: "Dios me ha dado una medida de fe", suelo decirlo de este modo: "¡Tengo fe para esto!". Esta declaración es de gran potencia para que la persona viva la vida audaz.

Como Él me ha dado una medida de fe y me está pidiendo que haga una determinada cosa, aunque todo cuanto tengo es una semilla de mostaza de fe, sin embargo, "¡Tengo fe para esto!". Eso es lo que yo me predico a mí mismo cuando algo imposible amenaza con derrotar a mi familia o un área de ministerio: *Tengo fe para esto.*

Cuando enfrente un mal informe de un médico o su dinero esté actuando de manera extraña, solo diga: "Yo tengo fe para esto". Cuando el diablo le esté mostrando un gran cero para su futuro, ríase de él y diga: "Jesús está conmigo, y Él tiene todo el poder. Dios está en el fondo, y debajo están sus brazos eternos y yo tengo fe para esto".

Deseo que usted pueda predicarse estas cosas a sí

mismo como yo lo hago, para ayudarse a combatir el miedo con eficacia. Declare en este momento:

1. ¡Jesús está conmigo, y Él tiene todo el poder!

2. ¡Dios está en el fondo!

3. ¡Tengo fe para esto!

No es la voluntad de Dios para su vida que usted sea gobernado por ningún tipo de miedo. ¡Aunque el miedo es uno de los mayores males que usted debe enfrentar y derrotar! Para vivir una vida audaz en un mundo dominado por el miedo, usted debe someter su vida al señorío de Cristo. Al buscar primero el reino de Dios y su justicia (Mateo 6:33), será restaurado a la relación íntima con Dios. Entonces usted podrá aprender a combatir el miedo con las promesas de la Palabra de Dios.

Para vivir una vida audaz, usted necesitará un arsenal de armas divinas. Sin estas armas divinas usted no puede derrotar el miedo. Es imposible hablar en este libro de todas las armas del arsenal de Dios. Usted puede confiar en que el Espíritu Santo le enseñe a ser eficaz para enfrentar sus miedos. A medida que avance, descubrirá en la Palabra de

Dios más y más armas divinas para usar en su vida contra el poder del miedo.

En este momento usted quizá se halle en un punto donde Dios le ha dicho que haga una cosa difícil. Usted sabe que lo ha oído de Dios, y se está moviendo en fe. Pero ha comenzado a sentir el síndrome de los pies fríos. Déjeme animarlo: ¡Esfuérzate, el Señor está contigo! Comience a declarar: "Jesús está conmigo, y Él tiene todo el poder. ¡Tengo fe para esto!".

A medida que dé estos pasos para vivir la vida audaz, usted descubrirá que muchos de sus peores temores han sido en realidad "mucho ruido y pocas nueces". Va a aprender a vivir en el maravilloso refugio de la seguridad que Dios le provee. Si usted se ha decidido a vivir la vida sin miedo, por favor, haga esta oración conmigo:

Amado Padre celestial:

Vengo a ti para declarar la verdad de que Jesús está conmigo, y Él tiene todo el poder. Declaro que tú eres el Dios del fondo cuando siento que la vida termina y que no puedo seguir. Elijo creer que tengo fe para esto, que me has dado una medida de fe para vivir la vida sin miedo

¡y ganar! Rindo completamente mi vida a tu Señorío, Jesús. Elijo enfrentar mis miedos y aprender a vivir una vida de victoria sobre el temor. Gracias, Señor. Amén.

Apéndice

CÁNTICO DE MOISÉS SOBRE LA PROTECCIÓN DIVINA

Vivamos bajo el cuidado
   del Dios altísimo;
pasemos la noche bajo la protección
   del Dios todopoderoso.
 Él es nuestro refugio,
   el Dios que nos da fuerzas,
    ¡el Dios en quien confiamos!
Sólo él puede librarnos
   de los peligros ocultos
   y de enfermedades mortales;
sólo bajo su protección
   podemos vivir tranquilos,
   pues nunca deja de cuidarnos.
Ni de día ni de noche
   tendremos que preocuparnos
   de estar en peligro de muerte.
Ni en las sombras de la noche,
   ni a plena luz del día,
   nos caerá desgracia alguna.
Tal vez a nuestra izquierda

veamos caer miles de muertos;
tal vez a nuestra derecha
veamos caer diez mil más,
pero a nosotros nada nos pasará.
Con nuestros propios ojos veremos
cómo los malvados reciben su merecido.
El Dios altísimo
es nuestro refugio y protección.
Por eso ningún desastre
vendrá sobre nuestros hogares.
Dios mismo les dirá a sus ángeles
que nos cuiden por todas partes.
Los ángeles nos llevarán en brazos
para que no tropecemos con nada;
andaremos entre leones y serpientes,
¡y los aplastaremos!
Dios dice:
«Mi pueblo me ama y me conoce;
por eso yo lo pondré a salvo.
Cuando me llame, le responderé
y estaré con él en su angustia;
lo libraré y lo llenaré de honores,
le daré muchos años de vida,
y lo haré gozar de mi salvación».

—SALMO 91, TLA

NOTAS

Introducción

1. Harvey Mackay, "Worrying Makes You Cross the Bridge Before You Come to It" (La preocupación hace que usted cruce el puente antes de llegar a él), HarveyMackay.com, 11 de junio de 2012, http://tinyurl.com/l3v9kjy (Consulta en línea, 5 de agosto de 2013).

2. Autor desconocido, "Risk" (Riesgo), SermonIllustrations.com, http://www .sermonillustrations.com/a-z/r/risk.htm (Consulta en línea, 5 de agosto de 2013).

Capítulo 2
No temer al fracaso

1. Child Development Institute, "Helping Your Child Deal With Fears and Phobias" (Cómo ayudar a sus hijos a lidiar con temores y fobias), http://childdevelopmentinfo.com/child -psychology/anxiety_disorders_in_children/ fears/ (Consulta en línea, 5 de agosto de 2013).

2. Ronald Rood, citado por John Cook, Steve Deger, y Leslie Ann Gibson en *The Book of*

Positive Quotations (El libro de citas positivas)
(Minneapolis, MN: Fairview Press, 2007), 482.

3. BrainyQuote.com, "Thomas Edison Quotes"
   (Citas de Thomas Edison), http://www
   .brainyquote.com/quotes/quotes/t/thomased
   132683.html (Consulta en línea, 5 de agosto de
   2013).

4. Jacques Pepin, "Burger Meister RAY KROC,"
   TIME, 7 de diciembre de 1998, http://www.time
   .com/time/magazine/article/0,9171,989785,00
   .html (Consulta en línea, 5 de agosto de 2013).

5. Ron Kurtus, "Failures of Abraham Lincoln
   (1800s)" (Fracasos de Abraham Lincoln) School
   for Champions, 11 de octubre de 2011, http://
   www.school-for-champions.com/history/
   lincoln_failures.htm (Consulta en línea, 5 de
   agosto de 2013).

6. "'Professor' Albert Einstein Unmasked at Last!"
   (¡El profesor Albert Einstein desenmascarado al
   fin!), http://www.reformation.org/einstein
   -unmasked.html (Consulta en línea, 5 de agosto
   de 2013).

7. "Sir Roger Bannister," Answers.com, http://www
   .answers.com/topic/roger-bannister (Consulta en
   línea, 5 de agosto de 2013).

8. QuoteWorld.com, http://www.quoteworld.org/
quotes/10767 (Consulta en línea, 5 de agosto de
2013).

9. "Biography of Nathaniel Hawthorne" (Biografía
de Nathaniel Hawthorne), GradeSaver.com,
http://www.gradesaver.com/author/hawthorne
(Consulta en línea, 5 de agosto de 2013).

10. BBC.com, "Lions," http://www.bbc.co.uk/dna/
ptop/alabaster/A12921428 (Consulta en línea, 5
de agosto de 2013).

Capítulo 3
No temer a la gente

1. Adaptado de "The Ben Hooper Story: Who's
Your Daddy?" (La historia de Ben Hooper:
¿Quién es tu padre?), que puede encontrarse en
varios sitios de la internet.

Capítulo 4
No temer que falte lo necesario

1. Amarnath Tewary, "India's Poor Urged to 'Eat
Rats'" (Pobres de la India instados a 'comer
ratas'), BBCNews.com, 13 de agosto de 2008,
http://news.bbc.co.uk/2/hi/south_asia/7557107
.stm (Consulta en línea 6 de agosto de 2013).

CAPÍTULO 6
NO TEMER POR SU SALUD

1. Bob Glassner, *The Culture of Fear* (La cultura del miedo) (Philadelphia: Basic Books, 1999), xx.
2. Ibíd.
3. Ibíd.
4. QuotationsPage.com, "Dorothy Bernard Quotes" (Citas de Dorothy Bernard), http://www.quotationspage.com/quote/29699.html (Consulta en línea 6 de agosto de 2013).
5. GoodReads.com, "Mark Twain > Quotes > Quotable Quote" (Mark Twain: Citas citables), http://tinyurl.com/a7rw87z (Consulta en línea 6 de agosto de 2013).

CAPÍTULO 7
NO TEMER A LA MUERTE Y A LA ETERNIDAD

1. "Anxiety and Fear," Encyclopedia of Death and Dying ("Ansiedad y temor", Enciclopedia de la muerte y la agonía), http://www.deathreference.com/A-Bi/Anxiety-and-Fear.html (Consulta en línea 6 de agosto de 2013).
2. Deepak Chopra, "The Six Most Feared but Least Likely Causes of Death" (Las seis más temidas pero menos probables causas de muerte), SixWise.com, http://www.sixwise.com/newsletters/05/07/13/.

the_six_most_feared_but_least_likely_causes_
of_death.htm (Consulta en línea 6 de agosto de
2013).

3. Sam Storms, "The Letter to the Church at Per-
gamum" (La carta a la Iglesia de Pérgamo),
Enjoying God Ministries, 5 de noviembre de
2006, http://tinyurl.com/ktr276d (Consulta en
línea 6 de agosto de 2013).

Capítulo 9
¡Usted tiene fe para esto!

1. CorrietenBoom.com, "History" (Historia) http://
www.corrietenboom.com/history.htm (Consulta
en línea 6 de agosto de 2013). Esto es algo que
su hermana, Betsie, le dijo cuando ellas estaban
en Ravensbruck: "Debemos decirles que no
hay ningún pozo tan profundo que el amor de
Dios no sea todavía más profundo" [Corrie ten
Boom, *The Hiding Place* (Grand Rapids, MI:
Chosen Books, 1974, 1984), 227. Hay versión
castellana: *El refugio secreto* (Editorial Vida,
Miami, 3ª edición, 1978)].

NO PERMITA QUE EL ENEMIGO DESTRUYA SU VIDA.
¡DEFIÉNDASE!

EL ESPÍRITU DE
PITÓN

EL PLAN DE SATANÁS QUE
BUSCA EXPRIMIRLE LA VIDA

JENTEZEN FRANKLIN
AUTOR DE ÉXITOS DE VENTA DEL *NEW YORK TIMES*

978-1-62136-190-9 / $11.99 USD

Tenemos un enemigo que se desliza en nuestras vidas, lenta pero insistentemente, para extraernos la vida. En este su más reciente lanzamiento, Jentezen Franklin, autor de éxitos de venta del *New York Times*, le ayudará a comprender las estrategias de este sutil destructor, mostrándole:

- **CÓMO ÉL TRABAJA**
- **CÓMO DETECTARLO**
- **CÓMO ROMPER EL CONTROL SOBRE SU VIDA**

LIBÉRESE Y RECLAME SU
PASIÓN Y **PROPÓSITO**

CASA
CREACIÓN

Disponible en tiendas de libros en todo el mundo y como e-book